KB185306

AI시대, 디지털 윤리를 이해하다

이 도서는 2024년 문화체육관광부의 '중소출판사 도약부문 제작 지원' 사업의 지원을 받아 제작되었습니다.

AI시대,

디지털윤리를 이해하다

최현실 지음

도서출판 정

목차

서문

서문: AI시대, 디지털 윤리를 이해하다

　디지털 시대는 우리가 원할 때 지적 노동을 대체하여 수행하는 기계, 즉 인공지능이 세상을 알아듣고 읽고 쓰면서 정보를 조합하는 것이 보편화되어 가는 시대를 의미합니다. 인공지능 기술 및 사물인터넷(IoT)의 확산은 자율성이나 자아가 없는 약한 인공지능을 넘어서서 스스로 의사결정을 행할 수 있는 강한 인공지능을 향해 나아가고 있습니다. 강한 인공지능이 무서운 이유는 인간이 만들되 인간을 뛰어넘을 가능성이 있다는 점입니다. 자연히 인간의 지능을 대체한 인공지능의 영역에서 디지털 사회의 시민문화와 인공지능의 윤리적 문제를 어떻게 해결해 나가느냐가 중요한 과제가 되고 있습니다. 특히, 익명성이 강화된 디지털 사회에서의 개인정보 보안과 해킹에 따른 정보보안은 사회적 문제가 되고 있으며, 이에 정치, 경제, 사회, 법, 의학 등 다양한 분야에서 디지털 윤리의 실현이 중요함을 인식하게 하고 있습니다.

디지털 사회는 인간과 인간의 관계뿐만 아니라 인간과 기계와의 관계, 기계와 기계와의 관계로 폭넓어졌으며, 기술적으로 다양한 문화권과의 수평적인 네트워크로 전환 되어져 가고 있습니다. 이러한 변화는 디지털 네트워크에서의 상호적이고 상생적인 디지털 문화의 창출과 디지털 윤리의 필요성을 인식하는 원동력이 되었습니다.

즉, 디지털 환경의 변화는 인간에게 유용한 인공지능을 개발하고 활용하는 방법에 대한 다양한 시도와 함께 인공지능과 협업하는 법으로서 디지털 윤리의 체계화와 제도적 실천을 위한 토대 마련을 동반하고 있습니다.

이 책의 구성은 디지털 보안을 넘어서 디지털 윤리라는 말이 보편화되고 있는 사회적 상황을 이해하는 내용들이 다수 포함되어 있습니다. 인간처럼 생각할 수 있는 인공지능 시대를 맞이하면서 우리의 일상생활을 차지하고 있는 다양한 디지털 문화 속에 나타나는 여러 가지 문제점들이 있습니다. 개인정보나 정보보안 등이 개인적인 프라이버시의 차원을 넘어서 인공지능을 이용해서 윤리적인 문제를 발생시킬 수 있는 여러 가지 문제가 보편화되고 있는 상황을 볼 수 있습니다.

인공지능이 인간 생활에 영향력을 미칠 때 '어떻게 인공지능이 윤리적 판단을 하게 할 것인가'입니다. 인공지능이 스스로 생각한다는 것은 인간의 지성과 감성의 총합인 정신세계에서 나오는 것이 아니라 인공지능의 기초 바탕이 되는 데이터를 통해서 이루어지고 있기 때문입니다. 그리고 데이터는 인간 사회에서 만들어진 문화적 유산이기에 채택된 인간의 문화유산 데이터에 따라서 인공지능이 윤리적 판단을 내리게 되면 자연히 문화권에 따른 편향이 발생할 수밖에 없습니다. 지역적 문화의 특성에 따라서 윤리적 문제에 대한 인공지능의 판단 자체가 편향적으로 나올 가능성이 크기 때문에 이런 문제들은 디지털 윤리라는 새로운 윤리의 영역이 필요한 상황을 초래하였습니다.

또한, 오늘날 디지털 환경 속에서 나타나는 윤리적 문제는 개인정보 보안과 정보보안 문제를 정확하게 이해하고 앞으로 인공지능이 만들어 낼 수 있는 영향력과 그에 따른 문제점들을 확연히 파악하는 것은 디지털 사회의 문제점을 해결하는 데 꼭 필요한 일이라고 할 수 있습니다. 그리고 우리가 미래 사회의 인재를 이야기할 때, 점점 더 윤리 의식을 가진 리더를 필요로 합니다. 왜냐하면 현시대의 디지털 환경과 글로벌 문화는 다양한 문화가 공유됨과 동시에 개인의 행복을 추구하는 특성이 있기 때문입니다. 인공지능 기술 및 서비스의 확산은 디지털 공간에서의 평등을 확보하는 것뿐만 아니라 디지털 보안과 윤리 문제를 해결해 나가는 것 역시 중요한 과제가 되고 있습니다.

첫째로, 우리가 여러 가지 전자기기를 살 때 반드시 중요하게 고려하는 사항은 자신에 관한 정보들의 해킹을 방지하는 것과 사적영역에 대한 보호입니다. 만약에 나의 스마트폰이 누군가의 수중으로 들어가게 된다면 나의 금융정보를 포함하여 나의 모든 개인정보가 타인에게 공개될 수 있다는 것입니다. 그리고 개인 컴퓨터를 사용할 때, 웹상에서 발생할 수 있는 해킹의 위험에 대한 보안도 중요한 고려 사항이 되고 있습니다. 따라서 디지털 환경에서 보안은 일반 기업이나 경영자뿐만 아니라 개인의 정보보안 역시 매우 중요합니다.

한편 디지털 환경은 개인의 익명성이 거의 보장되는 공간이기 때문에 무분별하게 상대편을 비난하는 글로 상대편에 대한 명예훼손 등 개인적인 침해가 빈번하게 발생합니다. 이는 디지털 윤리의 필요성이 증가하는 원인입니다. 누구나 한 번쯤 보이스피싱, 스팸 문자, 스팸 메일 등을 받아봤을 겁니다. 그래서 스마트폰 사용 시에 정보보안과 관련된 비밀번호나 홍채 인식 등 개인정보 보호 활동이 기본적 사항이 되었습니다. 이는 자연스럽게 개인정보 침해에 대한 국가의 개인정보 보호 정책과 법적 적용으로 동시에 이루어져 왔습니다.

또한 디지털 환경은 무분별한 정보의 홍수가 발생 되기에 진정한 정보를 찾아내기가 어려운 특성이 있습니다. 디지털 환경에서는 영상 작업의 기술적 발전을 통해 가짜 정보가 만들어지거나 가짜 정보가 범람하기 쉽습니다. 이러한 상황에서 진짜 정보를 찾아내는 것도 하나의 중요한 과제가 되고 있으며, 사회경제적 물의를 일으키는 가짜 정보를 배포하는 사람들에 대한 윤리적인 제제를 넘어서는 법적 제도가 만들어지고 있습니다.

두 번째는 인공지능 윤리와 로봇 윤리입니다. 우리의 일상생활에서는 스마트 기기 사용이 보편화되면서 나의 일상생활에서 정보통신기술(Information and Communications Technology; 이하 ICT)이 일반적으로 사용되어 내가 집에 있든 없든 주거 속에서 연결되는 사물인터넷(Internet of Things; 이하 IoT)이 보편화되어 가고 있는 상황입니다. 현재는 로봇은 보편화되지 않았지만, 사물인터넷(IoT)은 가정에서 부분적으로 사용되고 있는 상황입니다. 최근에는 가족의 역할을 일부 수행하는 로봇이 생겨나고 있습니다. 또한, 무인 자동차 개발이 활발히 진행되고 있으며, 미래에는 나의 집사, 매니저, 친구와 같은 로봇이 개인의 일상에 함께 할 날도 멀지 않았습니다.

이러한 상황에서 인공지능의 자율적 학습에 기반한 판단과 적용에서 나타날 수 있는 윤리적 문제와 이를 제어하기 곤란한 문제점 그리고 이에 대한 대처방안은 중요한 과제가 되고 있습니다. 더불어 인공지능 로봇의 윤리적 판단은 인간과 어떠한 차이가 있으며, 인공지능 로봇에 부여해야 할 도덕적 규칙들과 그 한계 등을 구체적으로 자세히 살펴볼 필요가 있습니다.

인공지능이 만들어 낼 영향력을 미리 대비해서 인공지능 문제에서 다뤄야 할 핵심적인 사례로 대표적인 것이 '무인 자동차'입니다. 어떻게 인공지능 로봇이나 '무인 자동차'에 도덕성을 부여할 것인가? 그리고 인공지능 로봇에 인간성을 어떻게 부여할 것인가? '인공지능에 부여할 도덕성'은 사실상 매우 복잡하고 어려운 문제입니다. 인간의 모든 사고체계는 감정과 이성의 공유를 통해서 이루어집니다. 그러나 사물인터넷(IoT)이나 인공지능 로봇의 경우에는 관련된 데이터, 설계, 프로그래밍 등에 의해서 판단이 이루어집니다. 그래서 인공지능의 판단을 이루는 데이터, 설계, 프로그래밍 등을 어떻게 구현해 내어서 도덕성을 담보해 낼 것인가가 윤리적 선결문제가 됩니다. 무인 자동차를 만들면서 선결되어야 할 사항이 인공지능의 판단으로 야기될 윤리적 문제를 어떻게 해결할 것인지가 동시에 이루어져야 할 사항이 되는 이유입니다.

세 번째, 인공지능 윤리의 다원적 접근입니다. 인공지능이 윤리를 갖는다면 구체적으로 어떻게 접근할 것인가라는 문제입니다. 디지털 윤리의 실천이 매우 중요한 과제가 되고 있기에 이것을 정확하게 구체적으로 체계화하여 만들어 내는 것이 오늘날 중요한 이슈입니다. 예를 들면 트롤리 딜레마(Trolley Dilemma)나 인도교 딜레마(Footbridge Dilemma) 상황에서 인공지능이 윤리적 판단을 내릴 수 있도록 설계하는 것입니다. 그리고 인간 사회의 보편적 윤리인 공리주의, 의무론 등을 인공지능의 윤리적 판단 체계에서 기술적으로 어떻게 적용하게 할 것인가가 다각적으로 연구될 필요성이 있습니다.

사실상 인공지능 로봇의 사고체계에 내재 될 데이터의 원본이 어떤 문화권 속에서 만들어진 보편적 윤리를 선택할 것인지도 심도 깊이 연구될 필요성이 있습니다. 왜냐하면 디지털 환경은 문화권마다 구현되는 방식과 영향력의 차이가 있습니다. 따라서 전반적으로 디지털 사회에 대한 일반적인 윤리가 어떻게 되어 있는지를 개괄적으로 다룰 필요성도 있습니다.

이 책의 구성은 다음과 같습니다.

1장은 4차 산업혁명 시대의 도래와 특징에서 오늘날의 딥러닝(deep learning) 자체가 인간의 두뇌, 신경계와 연결해서 발전하면서 생각하는 로봇이 만들어지는, 생각하는 인공지능 시대의 특징을 설명하였습니다. '디지털 시대에는 왜 윤리가 필요할까?' 오늘날 우리 주변의 전자기기들은 대다수 디지털 환경 속에 구현되고 있다고 해도 과언이 아닙니다. 스마트폰, 컴퓨터, 사물인터넷(IoT)과 연결된 TV, 보일러, 에어컨, 스타일러 등이 디지털 환경 속으로 들어와 있으며, 내 스마트폰 속에서 나의 전자기기들을 모두 조절할 수가 있습니다.

이러한 디지털 환경의 도래와 특징에 대한 설명과 디지털 사회의 혁신적 변화로 인한 집단의 영향력 강화를 설명하고 있습니다. 또한 디지털 환경 속에서 자신과 유사한 집단들 또는 자신과 비슷한 생각을 지닌 사람들이 모이게 되면 그렇지 않은 소수에 대한 영향력이 지대해질 수 있습니다. 그리고 디지털 환경에서 익명성이 보장되는 점을 활용하여 자신을 드러내지 않고 '익명의 글' 등을 통해 특정 사람에게 심각한 인격적인 침해를 줄 수도 있습니다. 이러한 디지털 환경에서 초래될 수 있는 문제점과 그 영향력을 고찰하였습니다.

2장은 인공지능의 역사에 대한 개괄입니다. 앨런 튜링(Alan Mathison Turing) 박사의 심볼릭 AI부터 머신러닝(Machine learning), 딥러닝(deep learning)까지 인공지능의 역사적 발전단계를 고찰하였습니다. 또한, 인공지능의 발달 역사에서 디지털 윤리의 필요성이 부각된 배경과 '인공지능 윤리헌장(The AI Ethics Charter)'을 설명하였습니다.

"알파고(AlphaGo)"가 "이세돌"과의 바둑에서 이겼을 때, 인간의 지능을 넘어선 인공지능의 등장이 사회적 관심을 이끌었습니다. 현재 인공지능은 의학적 판단뿐만 아니라, 일부 민사소송의 측면에선 법적 판단을 내리는 판사의 역할도 수행하고 있는 상황입니다. 이에 따라 인공지능에도 법적인 권리를 부여하는 논의도 활발히 진행되고 있습니다. 향후 완전 자율 주행 자동차가 실용화될 때 직면할 윤리적 판단의 딜레마적 상황을 예측하며 인공지능의 윤리적인 기준에 대한 독일과 미국의 논의에서 차이를 비교하였습니다.

3장은 현재까지 논의된 '무인 자동차'에 나타나는 인공지능 윤리를 구체적으로 살펴볼 것입니다. 인공지능 윤리에서 자율지능 시스템이 어떤 의미를 지니고 있는지, 현재 자율지능은 인간이 만들어 낸 데이터와 그 결과값으로 대답하는 머신러닝의 단계를 넘어서서 스스로 결과값을 만들어 냅니다. 스스로 학습하고 스스로 결론을 만들어 내는 인공지능의 자율적인 윤리적 판단을 어떻게 조절할 것인가? 즉 인공지능이 스스로 의사결정을 할 때 어떤 윤리적 원칙을 만들어 내게 할 것인가를 설명하고 있습니다.

또한, 인간 사회의 기본적인 토대인 보편적 윤리 즉, '다른 사람 물건을 훔치지 말아라, 살인하지 말아라' 등을 인공지능의 자율적 판단 기능에 어떻게 부여할 것인가? 어떻게 인공지능이 의무론적인 윤리적 원칙을 준수할 수 있게 할 것인가? 또한, 공리주의의 원칙이 '최대 다수의 최대 행복'이라고 할 때, 인공지능의 자율적 판단 기능에 '최대 다수의 최대 행복을 어떻게 구현하게 할 것인가? 의무론과 공리주의에 대한 구체적 데이터의 적용에서 문화적 특수성이나 개인적 차에 따라 다른 부문에 대해서 인공지능의 윤리적 원칙을 어떻게 적용할 것인가? 등이 있습니다. 사실상 인공지능 로봇에 입력할 도덕을 선택하고 인간의 도덕 원칙에 적합하게 적용하도록 만들어 나가는 시도는 오래전부터 있었습니다. '로봇 3원칙'을 비롯한 '로봇 4원칙'이 만들어졌을 때의 인공지능은 인간으로 비교해 보면 열 살짜리 아이 정도였습니다. 현재의 인공지능은 자율적 의사결정이 가능한 인공지능으로 인류에게 보편적으로 적용되고 있는 도덕적 기준을 적용할 수 있도록 다양한 기술적 시도와 한계점을 살펴보았습니다.

4장은 디지털 시대의 시민이 정보의 홍수 시대라 일컬어질 정도로 엄청난 정보들이 매 순간 생성되고 있는 상황에서 직면하는 문제점으로 정보에 대한 문해력을 설명하고 있습니다. 수많은 정보 속에서 진짜 정보, 중요 정보를 어떻게 찾아낼 것인가? 동시에 가짜 정보, 왜곡된 정보 역시 범람하고 있으며, 이들 정보가 지닌 문제점들은 무엇일까? 그리고 수많은 정보 속에서 제대로 된 정보를 파악하는 디지털 리터러시(Digital Literacy: 문해력)는 무엇이며, 정보를 정확하게 이해하고, 해석하고, 판단하는 능력을 어떻게 키워나갈 것인가? 디지털 환경 속에서 집단사고가 이루어진다면 집단사고가 지닐 수 있는 문제점이나 한계는 무엇이며 이를 어떻게 벗어 나갈 것인가 등을 다루고 있습니다. 또한 디지털 문화의 문제점과 극복을 이야기할 때, 디지털 문화의 확산에 따른 인포데믹스(infodemics)나 네카시즘((NeCarthyism)을 해결하는 기본적인 윤리적 태도로 네티켓(Netiquette)을 논의하였습니다.

그리고 디지털 시대의 환경의 긍정적 작용으로 '집단지성(collective intelligence)'이나 동조가 이루어지거나 부정적 작용으로 복종이 이루어질 수 있는 사례를 설명하였습니다. '집단지성'은 깨끗하고 아름다운 지구, 모든 사람이 잘 살 수 있는 지구를 만들어 나가는데, 전 세계 사람들이 평등과 평화를 이루는 데에 기여할 수 있습니다. 반면, 특정 계급이나 특정 집단, 특정 문화권을 우선하는 집단극화(Group polarization)도 나타날 수 있습니다. 디지털 시대는 이러한 '집단지성'이나 '집단극화'의 영향력이 강화되는 시대라고 할 수 있습니다.

또한 디지털 환경 속에 나타날 수 있는 일반적 현상으로 '필터버블 (filter bubble), 호모필리(Homophily), 에코체임버(Homophily), 만델라 효과(Mandela effect) 등을 설명하였습니다. '필터버블(filter bubble)'은 스마트폰이나 인테넷상에서 자신이 즐겨 사용하는 문구, 자주 찾는 음악이나 관심을 둔 영역들이 어느 순간 디지털 편향이 나타나는 현상입니다. 인터넷상에서 자신의 성향과 생각이 유사한 사람들끼리만 상호작용하는 '호모필리(Homophily) 현상', 자신이 관심있는 영역만 선택하는 '에코체임버(echo chamber) 현상' 등을 설명하며 이들 현상이 심화 되면 관련 집단의 의식만이 강조되는 '집단극화'가 이루어질 수 있음을 살펴보았습니다. 그리고 디지털 시대의 정보에 대한 시민의 문제점으로 '만델라 효과(Mandela effect)'와 '생각하지 않는 사람들(The Shallows)'이 나타날 수 있음을 살펴보고 있습니다.

5장은 개인정보 보호와 정보보안입니다. 개인의 취향과 인간관계를 비롯한 사적 정보들과 금융정보, 직업 정보들이 누군가에 의해서 유출되게 된다면 어떨까요? 여러분의 개인정보뿐만 아니라 디지털 환경에서 발생하기 쉬운 디지털 편향이라는 특징으로 인해 여러분이 주로 시청하는 유튜브, 즐겨 독서하는 분야, 관심을 둔 뉴스 등을 손쉽게 타인이 파악할 수 있습니다. 그러면 나의 사적인 영역이 공개되어 버리게 됩니다. 그렇기에 디지털 시대에는 정보보안과 이에 대한 법적 조치가 꼭 필요할 수밖에 없습니다.

디지털 사회에서 일반적으로 중요한 문제는 개인정보, 사적영역의 확보입니다. 그러면 어떻게 나의 정보가 유출될 수 있으며, 개인정보 보호는 무엇이며, 어느 정도 이루어지고 있는지 현실의 법체계를 통해 설명하고 있습니다. 개인정보의 구성 사항을 구체적으로 살펴보고 있으며, 개인정보를 어떻게 보호할 것이며, 이에 대한 정부정책과 법적 보호 상황을 설명하였습니다. 그리고 전 세계적인 법적 체계는 어느 정도 진행되고 있는지, 정보보안을 파기하려고 시도하여 사회적 문제를 일으켰던 사건, 사고부터 대법원 판례, 헌법 판례 등 우리가 찾아볼 수 있는 정보보안 이슈까지 논의하였습니다.

6장 Chat GPT 새로운 기회와 위험에선 인공지능을 활용한 Chat GPT가 디지털 비서로 인간의 역할을 대신 수행하는 시대를 이끄는 과정을 설명하였습니다. 인공지능의 발전이 거듭되면 우리의 일상생활이 인공지능 로봇과 함께하는 삶으로 일반화될 가능성이 있습니다. 그러나 Chat GPT가 지닌 태생적 한계로서 '데이터 편향성'과 인간이 아니기에 지닐 수밖에 없는 '학습 한계' 등이 있습니다. 이러한 Chat GPT의 문제점도 설명하였습니다.

제1장. 인공지능, 디지털 시민성과 윤리

1 4차산업혁명 시대의 도래와 특징

2 디지털 시대에는 왜 윤리가 필요할까요?

3 집단, 사이버공동체의 영향력

1. 4차 산업혁명 시대의 도래와 특징

4차 산업혁명이란 무엇인가?

만물 초지능 혁명 → 인공지능, 사물인터넷, 가상물리시스템 기반의 만물 초 지 능 혁명

제조업 + ICT → 제조업체와 ICT의 경계가 허물어지는 것

4차 산업혁명이란 정보기술로 인해 자동화의 연결이 극대화된 초연결, 초지능이 가능한 사회의 도래라고 설명됩니다. 이러한 4차 산업혁명을 이야기할 때, 인공지능(Artificial intelligence, AI)을 떠올립니다. 인공지능을 이야기할 때, 우리가 어떤 것을 주로 생각하는가 하면, 로봇만 생각하는 게 아니라, 사물인터넷(IoT)을 생각할 수도 있고, 가상 물리시스템 기반의 시스템을 생각할 수도 있습니다.

4차 산업혁명의 기반이 되는 인공지능과 사물인터넷(IoT), 가상 물리시스템 기반의 새로운 혁명을 4차 산업혁명이라고 이야기하는데, 대표적으로 제조업과 정보통신기술(ICT)의 경계가 모호해지며, 허물어진다는 것을 이야기할 수 있습니다. 실제로 우리는 기존의 공장을 상상하며 제조업을 생각하게 되지만, 오늘날 우리가 물건을 생산한다는 개념 자체가 인터넷을 기반으로 한 가상공간에서 만들어지는 것들이 많이 있습니다. 예를 들어서 유튜브, 메타버스(Metaverse) 등을 활용할 때, 어떤 면에서는 제조지만, 정보통신기술(ICT)와 함께하는 융합적 프로그램으로 이루어지고 있습니다. 인공지능 분야도 사물인터넷(IoT), 가상 물리시스템, 제조업과 정보통신기술(ICT)의 융합이 모두 포함되는 개념으로 시작되고 있습니다.

인공지능(AI)이란 무엇일까요? 보시다시피 인공이라는 말은 인간의 지능이 아니라 인공적으로 만든 지능입니다. 사람이 만든 지능이지만 인공지능은 인간처럼 지능을 가지고 있으며, 사람처럼 생각하고, 사람처럼 행동하는 것으로 '기계가 인간의 지능을 대체한다.'라고 생각하면 됩니다. 인공지능은 인간의 신경망을 인공적으로 만들어서 작동하는 시스템으로 인간처럼 생각하는 기계가 인간과 인간의 대화, 인간과 기계와의 대화, 기계와 기계와의 대화라는 새로운 패러다임의 전환을 이끌어 갑니다.

인공지능이란 무엇인가?

A	B	C	D
'인공적으로 만든 기술' '사람이 만든 지능'	사람처럼 생각하고 사람처럼 행동하는 기계	사람의 지적 행동을 모방할 수 있도록 만든 장치 또는 시스템	새로운 패러다임 (앤드류 응 스탠포드 교수 "새로운 전기")

인공지능의 대표적인 학자인 스탠포드 대학의 앤드류 응(Andrew Ng) 교수는 인공지능의 한계에 대한 소수의 의견이 꾸준히 있지만 인공지능의 범위는 빠르게 확대되고 있으며 가까운 미래에 나타날 새로운 진보라고 설명합니다. 인공지능을 통해 우리의 실생활에서 무엇이 가장 변화했는지 먼저 살펴볼 수 있겠습니다. 인공지능으로 대표되는 새로운 변화가 '사물인터넷(IoT)'입니다. 예전에는 외출 시 "집이 추울 건데" 걱정하면서 보일러를 틀려고 해도, 집에 아무도 없을 때는 보일러를 작동할 수가 없습니다. 사물인터넷(IoT)의 발달은 스마트폰과의 앱 연결 시스템을 이용해서 외출 시에도 집에 있는 보일러를 작동할 수가 있습니다. 여러분이 외출해서 맛있는 음식을 먹다가 "오늘 너무 더운데, 집에 가면 너무 후덥지근할 거야."라고 생각했을 때, 집안의 에어컨이 가동되도록 할 수 있습니다. 어떤 경우에는 다음날 입어야 할 옷이 스타일러 안에 걸려 있다면, 스마트폰에 연동하여 스타일러를 작동시키면서 옷을 관리할 수가 있습니다. 사물인터넷(IoT)의 활용으로 이러한 모든 활동이 가능하게 되었습니다. 사물인터넷(IoT)은 냉장고, TV, 에어컨 보일러 등의 우리가 사용하는 일상적인 사물들에 인터넷 기능을 연결하는 기술입니다.

사물인터넷(Internet of Things, IoT)이란?

- 각종 사물에 센서와 통신 기능을 내장하여 인터넷에 연결하는 기술

- 사물인터넷에 연결되는 사물들은 자신을 구별할 수 있는 유일한 아이피를 가지고 인터넷으로 연결되어야 하며, 외부 환경으로부터의 데이터 취득을 위해 센서 내장 가능

- 모든 사물이 바이러스와 해킹의 대상이 될 수 있어 사물인터넷의 발달과 보안의 발달은 함께 갈 수 없는 구조

사물인터넷(IoT)이 적용되는 전자기기들은 개인의 스마트폰과 연결되기 때문에, 자신의 IP에서 연결된 작동 프로그램을 지니고 있습니다. 그래서 우리가 외부 활동을 하고 있다고 하더라도 집안의 물건들을 통제할 수 있는 상황이 급속하게 증가하였다는 것입니다.

우리의 일상생활에서 사용하는 사물인터넷(IoT) 기기의 증가는 2014년 37억 5,000만에서 2020년 250억 660만으로 6배 이상까지, 급속도로 증가하였습니다. 그래서 여러분은 이제 자연스럽게 '밥을 몇 시에 하겠다, 아침밥은 몇 시에 만들겠다, 또는 일상적으로 언제쯤 보일러를 켜겠다, 언제쯤 집에 있는 사물(에어컨, 보일러, 스타일러 등)을 작동시키겠다'로 자연스럽게 사물인터넷(IoT)을 활용하고 있습니다. 우리의 생활환경 곳곳에서 사물인터넷(IoT)의 종류가 점차 확대되고 사용자의 수가 빠르게 증가하고 있는 모습을 볼 수 있습니다.

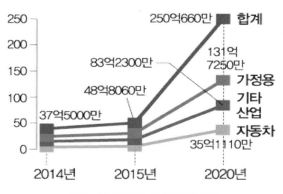

사물인터넷(IoT) 분야별 기기 증가 전망 (단위: 대)

출처 : 사물인터넷(IoT) 아이디어 센터

이러한 사물인터넷(IoT)의 발달은 생활의 편리를 가져올 수 있겠지만, 누군가가 나의 스마트폰을 가져간다면, 누가 나의 스마트폰에 있는 IP주소를 알고 있다면, 그렇게 되면 얼마든지 우리의 일상생활이 노출될 수 있습니다. 사물인터넷(IoT)이 급속하게 증가하고, 발달 되었다는 것은 우리의 일상생활이 노출되기 쉬운 환경 속에 있다는 의미도 내포하기에 개인정보의 보안과 정보보안의 중요성도 함께 증가하였다고 볼 수 있는 구조입니다.

4차 산업혁명에 따른 사물인터넷(IoT)의 급속한 증가와 함께 제조업과 정보통신기술(ICT)가 결합한 사례로 현대자동차 그룹에서 커넥티드 카(Connected car) 서비스 플랫폼을 개발한 것이 그 예입니다. 커넥티드 카 라는 건 무선랜이 장착되어 인터넷 접속이 가능한 자동차를 말합니다. 우리는 자동차를 운전하면서 실시간 내비게이션을 활용하고 있습니다. 커넥티드 카(Connected car)는 차량들이 서로 소통함으로써 실시간으로 교통상황이나 날씨 정보와 같은 주행 정보를 수신하는 것입니다. 자동차의 운행에서도 스마트폰이나 집, 사무실, 그리고 도시의 다양한 인프라 시설들과 상호 통신하는 사물인터넷(IoT)이 활용되고 있습니다. 즉, 자동차와 외부 클라우드를 연결해서 커넥티드 카 시스템이 만들어지면서, 고속도로를 주행할 때, 도로 상황에 대한 정보를 실시간으로 교환하고 악천후에 선제적으로 대응할 수 있습니다. 2020년부터 대부분의 차량에 커넥티드 카 시스템이 탑재되어 있다고 생각하시면 될 것입니다.

현대자동차그룹 "커넥티드 카 서비스 플랫폼"

- 커넥티드 카(connected car)
  - 무선랜이 장착되어 인터넷 접속이 가능한 자동차
  - 교통정보나 실시간 네비게이션, 원격차량제어, 멀티미디어 스트리밍을 이용할 수 있는 스마트 자동차
- 커넥티드 카 컴퓨팅 시스템
  - 자동차와 외부 클라우드를 연결하는 커넥티드 카의 핵심 소프트웨어가 포함된 시스템으로 커넥티드 카, 운영체제, 차량 내 네트워크, 서비스 플랫폼 등 4가지로 구성됨

한편, 자동차의 부분 자율 주행 모드가 도입되어 고속도로 주행에서 자연스럽게 100km를 유지한다든지, 옆 차와의 간격에서 안전 주의 모드를 이용하기도 합니다. 좁은 골목에서 시야의 한계를 극복하며 부딪침을 방지하는 서비스를 자연스럽게 사용할 수도 있습니다.

ETRI 자율주행자동차

테슬라 자율주행자동차
지미코리아 김미행기자

웨이모 자율주행 미니밴
자료원 한국과학기술기획평가원 혁신전략연구소

제조업과 정보통신기술(ICT)의 결합으로 개발하는 자동차가 '무인

자동차'입니다. '무인 자동차'는 '자율 주행 자동차'라고 할 수 있습니다. '자율 주행 자동차'는 인간이 운전하지 않더라도 자율적으로 주행하는 자동차로 현재까지는 '완전한 자율 주행 자동차'는 만들어지지 않았습니다. 실제로 고속도로나 일반 도로에서 가속페달을 밟고 있더라도 100km를 유지하는 '조건부 자율 주행 모드'가 이루어진 단계라고 보면 됩니다. '조건부 자율 주행 단계'에선 교통상황에 따른 긴급 제어시스템이나 긴급 정지시스템의 작동이라든지 일정 구간을 레이더나 카메라로 주위 환경을 인식하면서 지정한 목적지로 이동하게 하는 '부분 자율 주행 모드'가 시행되기도 합니다. '무인 자동차'는 여러분이 잘 알다시피 대표적인 기업이 테슬라(Tesla)입니다. 테슬라(Tesla)는 운전자 없이 가족이 함께 탈 수 있는 '완전 자율 주행 자동차' 개발을 희망하는 기업으로 '자율 주행 자동차'를 선도하고 있습니다.

제조업과 정보통신기술(ICT)의 결합 사례 외에도 우리가 4차 산업혁명을 이야기할 때, 빅데이터(big data)를 이야기합니다. 인간의 두뇌는 굉장히 복잡한 기계라고 생각하시면 됩니다. 인간의 복잡한 두뇌를 인공지능이 완벽하게 재생하지는 못하지만, 인공지능은 인간의 지능을 따라갈 수 있도록 엄청난 양의 데이터를 이해하고, 해석할 수 있는 능력을 지니고 있다고 생각하시면 됩니다.

인공지능의 기반 중에 대표적인 것으로 빅데이터(big data)가 있습니다. 빅데이터(big data)의 예를 들면, 대기업이 영업망을 개척하고자 하는 곳의 판매를 위해서, 20대는 무엇을 좋아하고 50대는 무엇을 좋아하는지, 서울의 강북구에는 주로 어떤 물품이 많이 팔리고, 강남에는 무엇에 대한 수요가 높은지 등에 대한 데이터 분석이 필요할 것입니다. 서울 강북구와 강남구의 또는 전국의 GS, CU 등 편의점과 마트에서 지역별, 연령층별 주로 구매하는 물품이 궁금하겠죠?

빅데이터 (Big Data)

- 빅데이터란?

  - 기존 데이터베이스 관리도구의 능력을 넘어서는 대량의 정형

  - 데이터베이스 형태가 아닌 비정형 데이터 집합조차 포함한 데이터로부터 가치를 추출하고 결과를 분석하는 기술

- 인공지능 – 빅데이터 혁신

  - 수집된 대규모 데이터를 기반으로 가치를 추출, 예측 분석, 맞춤형 정보 등을 제공하는 빅데이터 기술과 인공지능을 활용해 비즈니스 혁신을 이룸

이러한 분석을 위한 데이터의 양은 엄청날 것입니다. 서울 안에서도 수십 개의 지역구가 있고, 거주하는 사람 숫자만 해도 엄청나게 많기 때문입니다. 전국 또는 각 지역의 24시간 운영하는 GS나 CU 등에서 20대에서 30대, 40대, 50대 등 다양한 연령층이 구매한 물건들에 대한 자료들을 데이터로 저장한 것이 빅데이터입니다.

기존의 컴퓨터는 이처럼 방대한 데이터를 통계로 분석하고자 한다면 CPU의 한계로 자동적으로 버그가 일어날 수 있습니다. 오늘날은 발달된 컴퓨터 기술로 인해 빅데이터의 많은 내용을 종합해서 하나의 데이터로 분석이 가능해진 것입니다. 20대는 주로 무엇을 많이 구매하더라, 강남의 20대와 강북의 20대가 구별되는 주요 구매 물품은 무엇이더라, 동시에 서울지역의 주요 구매 물품과 다르게 지방 소도시의 20대는 주로 무엇을 구매하더라. 그러면 서울과 수도권의 20대가 주로 많이 사는 물품은 무엇이며, 지방의 20대들이 많이 구매하는 물품이 있을 겁니다. 그러면 서울의 3~40대와 서울의 60대 그리고 지방의 60대가 무엇을 구매하는지 등을 전체적으로 분석해서 유형에 따른 물품을 공급

하고, 판매한다면 보다 효율적 판매가 이루어질 것입니다.

실제로 어느 지역에는 어떤 물품이 좀 더 많이 구매될 수 있음을 예상할 수 있으며, 특정 지역에 필요한 물품을 예측하는 분석이 가능할 수 있습니다. 이처럼 방대한 양의 데이터를 '빅데이터(big data)'라고 합니다. 그래서 빅데이터는 데이터베이스 형태가 아니라 비정형 데이터이며, 그 많은 데이터를 추출해서 결과를 분석하는 기술을 빅데이터 기술이라고 합니다.

이는 인공지능이라는 지능 기계의 발달 없이는 이루어질 수가 없습니다. 막대한 대규모 데이터를 기반으로 빅데이터 기술과 인공지능을 활용하여 비즈니스의 혁신을 이끌어가는 것입니다. 그러면 똑같은 제품이라고 하더라도, 아시아권에 주로 팔리는 물품, 명품을 이야기할 때도 아시아권의 명품과 유럽의 명품, 동유럽의 명품이 약간씩은 차이가 있습니다. 아시아권에서 주로 많이 팔리는 것이 나이키 제품이라고 할 때, 중국에 많이 팔리는 신발류와 한국에 많이 팔리는 신발류가 다릅니다. 한국에선 등산복이 보편화되어 있어도 유럽에선 등산할 때, 한국처럼 모두가 등산복을 입지 않습니다. 그리고 대한민국에서 많이 팔리는 등산복의 유형이 따로 있습니다.

이처럼 인공지능과 빅데이터의 혁신은 엄청난 비즈니스의 혁신을 이끌어가고 있습니다. 그와 동시에 어떤 제품이 아시아권에 주로 팔리는 화장품이라고 한다면 아프리카에 주로 팔리는 화장품과는 조금 다를 수 있습니다. 왜냐하면 기후가 다르고, 문화가 다르기 때문입니다. 이런 방대한 자료들을 어떻게 찾아낼까요? 바로 빅데이터를 통해서 정보를 찾고 추출합니다.

- 클라우드 컴퓨팅을 활용하여 문제를 해결하고 소유 중인 하드웨어 사용자에 대한 의존성을 줄이되 구독 기반 클라우드 서비스에 의존성을 증대시키기 위해 새롭고 빠르고 자주 변화하는 디지털 기술을 사용하는 방식

'빅데이터(big data)'는 '디지털 전환(Digital Transformation)' 기술의 발전과 함께 이루어지고 있습니다. 우리가 기존의 하드웨어를 중심으로 보관하던 자료들을 클라우드 컴퓨팅 시스템을 활용해서 보관하는데 이것도 디지털 전환이라고 이야기합니다. 개인의 USB에 보관되었던 데이터가 클라우드에 보관되고 있습니다. 예전에 우리는 CD나 DVD 등을 통해서 영화나 음악을 접했습니다. 그 이전에는 비디오 가게에서 비디오를 빌려와 시청했기도 했습니다. 요즘 여러분들은 주로 무엇을 이용하시나요?

어느 날부터 저는 일반 방송 채널이 아닌 넷플릭스(Netflix), 티빙(TVING), 디즈니 플러스(Disney+) 등의 OTT(Over The Top) 플랫폼에서 드라마나 영화 등을 더 많이 시청하고 있는 현상을 발견했습니다. OTT는 사용자가 원할 때, 방송을 보여주는 VOD 서비스로 바쁜 현대생활을 하는 일상에서 시간을 맞추어 정규 채널에서 시청이 어려운 드라마나 영화 등을 원하는 시간대에 시청할 수 있도록 구성되었습니다. 이것 역시 디지털 전환의 일종이라고 이야기할 수 있습니다.

2. 디지털 시대에는 왜 윤리가 필요할까요?

　디지털 시대의 인공지능 시스템은 단순한 기계가 아니라 '의사결정'을 하는 '자율시스템'으로 전환되고 있습니다. 인공지능 윤리는 기존의 과학기술 윤리와는 차이가 있습니다. 왜냐하면 인공지능 시스템은 로봇이 더 이상 단순한 기계가 아니고 스스로 의사 결정하는 자율시스템이기 때문입니다. 단순한 기계는 주어진 규칙에 따라 작동합니다. 그러나 인공지능이 장착된 시스템이나 로봇은 데이터로부터 규칙이나 패턴을 파악하며, 자율적으로 결정을 내리기에 인공지능 윤리는 기존의 과학기술 윤리와는 차이가 있습니다. 즉, 인공지능 시스템은 일정한 규칙이나 패턴에 맞춰서 행동하는 것 외에도 개별적 상황에 따는 자율적 판단을 합니다. 그 판단의 근거가 되는 축척된 데이터 속에는 인간 사회의 윤리가 내재 되어 있습니다. 이때 인공지능 윤리의 도덕적 기준과 그 기준에 부여할 가중치 역시 중요한 문제가 되고 있습니다.

　예를 들어 '자율 주행 자동차'를 만들 때 인공지능의 오작동이나 악용 방지를 위한 인공지능의 자율적 판단 기능을 제어하기 위해 우선적으로 선행하여 이루어져야 하는 것이 인공지능의 윤리적 기준입니다. 인공지능의 자율시스템은 사고, 판단이라는 정신작용과 관련하여 다양하고 복잡한 환경에서 임무를 수행하기 위해 스스로 인식하고, 계획하고, 학습하고, 진단하고. 제어하고, 중재하고, 협업하는 등 다양한 지능적 기능들을 지니고 있기에 윤리적 쟁점과 밀접히 관련되어 있습니다. 왜냐하면 인공지능이 자율적 학습을 할 때, 야기되는 윤리적 문제가 모두 인간이 의도한 것이라고 보기는 어렵기 때문입니다.

인간이 고의로 인공지능을 악용하는 사례일 경우는 인간이 의식적으로 행동한 것이므로 법적 조치를 취하거나, 윤리적으로 평가하는 것이 비교적 수월합니다. 그러나 인공지능의 데이터에 비의도적·무의식적 편향이 축적되어 의사결정에 활용되었을 경우 법적 조치나 윤리적으로 평가하기가 애매하거나 어렵기 때문입니다. 왜냐하면 인공지능의 윤리적 쟁점은 인공지능이라는 '도구'와도 관련되지만, 인공지능이 학습 '재료'로 삼는 데이터와 깊게 관련되어 있기 때문입니다.

한편, 오늘날 디지털 시민성이라고 이야기하는 사이버 공동체가 상당히 많이 활성화되었습니다. 실제로 사이버 공동체라는 것은 국가나 국제적 기구의 참여 외에도 상당히 많은 개개인이 디지털 사회 속에서 영향력을 펼치고 있습니다. 예를 든다면 지구온난화와 같은 기후위기 이슈에서 국가 간의 합의나, 유엔기구와 국제적 NGO를 포함한 글로벌 거버넌스의 합의 외에도 일반 시민들 개개인의 합의와 노력이 함께 공존한다는 것입니다.

그래서 사이버 공동체에서의 참여와 협력을 적극적으로 활성화하고 지구적인 문제를 대처하려는 '집단지성'이 활성화되기도 합니다. 또 한

편으로는 제 3세계 국가의 아동 노동이라든지 여성이나 노약자, 장애인들에 대한 국가적인 또는 국제적인 대책 외에도 일반인과 NGO 단체들의 참여나 공유, 협력을 통해서 그들에 대한 지원이 이루어지는 '집단지성'이 있기도 합니다.

이처럼 국가적 차원을 넘어서는 사이버 공동체의 구성원으로는 우리의 종교와 문화적 성향이 다른 국가들이 포함되어 있습니다. 이슬람 국가에서의 여성의 사회활동에 대한 억압정책, 극빈 국가의 아동 노동 사례가 있다고 한다면 이러한 정책이나 사례에 대해 개선하려는 노력이 세계 각국과 개개인들에게서 나타나기도 합니다. 이러한 것을 '집단지성'이라고 이야기한다면 디지털 사회가 형성됨에 따라 부정적인 사례가 있을 수 있습니다. 집단의 영향력이 강화될 때, 디지털 사회 속에서는 동조나 복종 현상이 나타나고 있기도 합니다. 어떠한 동조, 복종 현상이 나타나고 있을까요?

집단의 신념이나 행동과는 다른 자신의 신념과 생각이 있지만 자신이 속한 집단의 생각에 일치하는 생각을 지니고자 하는 태도를 '동조현상'이라고 합니다.

3. 집단, 사이버 공동체의 영향력

동조(압력)에 영향을 미치는 요인

집단의 크기
클수록

집단의 일치성
이탈자가 없을수록

집단의 정보
양이 많을수록, 질이 높을수록

- **집단의 영향력이 잘못 사용된다면? - (1) 동조**

  - 집단의 행동 및 신념이 자신과 달라도 자발적으로 따라가는 현상

  - 많이 읽은 글이나 추천을 받은 글이라고 하면 무조건 받아들이는 현상

  - 판단의 근거가 부족하고 객관적인 기준이 없을 시, 타인의 판단을 기준으로 삼음

  - 정답이 명확하고 어떠한 외부적 압력이 없음에도 다수의 의견을 따름 (집단으로 부터 배척당하지 않기 위함)

동조 현상은 집단의 영향력이 강력할 때 많이 나타나며 집단의 신념이나 행동에 대한 자신의 신념이나 생각이 다르더라도 자신이 속한 집단의 생각에 일치하는 생각들을 지니고자 하는 현상입니다. 일반적으

로 사람들은 전문가의 글이나 평가 등을 통해서 의견의 합리적 근거를 제시하거나 전문가의 의견이나 전문가의 생각이 나의 생각인 것처럼 동조하는 경향이 있습니다. 특히 전문가의 권위가 높을수록 이러한 현상이 두드러집니다.

그리고 어떤 이슈나 사건에 대해 자신의 개인적인 판단이나 객관적인 지식이 부족할 때, 공통된 의견을 수용하면서 자신도 모르게 그 생각에 동조하는 경향이 나타나기도 합니다. 어떤 경우에는 그 의견이 결코 바람직 하지 않는다고 판단됨에도 불구하고 주변의 사람들이 "이 답이 맞아!" 또는 "너도 동의하지!" 이렇게 계속 질문받으면 "아! 그런가?" 하면서 "내가 반대하는 것보다는 따르는 것이 더 낫지 않을까?" 하며 집단에 배척당하지 않기 위해서 다수의 의견을 따르는 경우가 있습니다.

이는 '학교폭력' 등에서도 나타납니다. 친구들이 "저 아이를 왜 나쁘게 평가하지? 사실 난 친구들의 의견에 동의하지는 않아. 하지만 괜히 그 아이에 대한 전체의 평가를 반대하는 거도 곤란해"라면서 따르는 경향도 있습니다.

이는 댓글 등에서도 나타납니다. 어떤 사람에 대한 평가 기준 자체가 정확하지 않음을 인식하여 "그게 정말 정답일까?"라는 의문이 있지만 다수가 "그래 그 말이 맞는 거야!"라고 대답했을 때 "오! 그래?"하며 동조하는 경향도 있습니다.

이러한 집단의 영향이 강력히 나타나는 '동조 현상'은 크게 세 가지의 경우로 나눌 수 있습니다. 첫 번째, 집단의 크기가 클수록 '동조 현상'이 많이 나타납니다. 선거의 경우에서 두드러지는데 미국의 주 들 중 전체 구성원의 비율에서 보수적인 경향이 강한 백인이 많은 곳은 선거인단을 구성할 때 보수적인 백인의 의견이 많이 반영되는 '동조 현상'이 많이 나타납니다. 만약 자신이 속한 집단이 개방적이고 자유 지향적인 사람들이 있는 뉴올리언즈(New Orleans) 주라면 사람들의 전체적인 분위기가 자유 지향적이고, 자유 분방한 모습으로 표현되는 것에 동조하는 경향이 나타나기도 합니다.

두 번째, 집단의 일치성이 강할 경우에 '동조 현상'이 나타납니다. 나이, 성별, 학력과 문화적인 습관이 유사한 곳일 경우에는 더욱 많이 나타납니다. 예를 들어 20대의 집단이 좋아하는 취향이 있을 겁니다. 특이한 취향을 선택하는 20대에게 "당신은 왜 이런 표현을 하죠?" "노인들의 생각을 지니고 있군요?" 등으로 반응이 나타나면 "내가 너무 나이든 사람의 생각을 가지고 있는 것이 아닌가?"라고 판단하는 경우가 있습니다.

성별에 따른 동조 현상도 있습니다. 군대나 풋볼동우회 등 남성적인 집단에 있는 인물이 이들 집단의 일반적 사고와는 다른 사고방식을 쉽게 표현하기가 어렵습니다. 왜냐하면 해당 집단에서 받아들여지지 않을 것 같은 표현들은 자제하고 집단 속의 사고방식에 동조하는 경향이 있습니다. 여성 중심적인 집단에 속한 사람도 마찬가지로 그 관심사나 표현을 다른 여성 중심적 집단의 생각과 취향에 맞추는 경향이 있습니다.

우리나라 경우에도 지역성이라는 특성으로 '동조 현상'이 마찬가지로 나타납니다. 경상권, 전라권, 충청권, 경기도권에 따라 선호하는 정당이 있습니다. 전라권의 사람들이 주로 좋아하는 후보가 있다고 생각해 봅시다. 나의 이웃과 친척 및 주변 사람들이 전라권에서 선호하는 후보를 밀고 있습니다. 그러면 나는 다른 후보를 선호하더라도 내가 속한 집단 안에서 나의 정치적 의견을 자유롭게 표현하지 못하고 "그래 당신들 생각이 맞을 것 같아", "우리들 생각이 맞을 거야"라고 표현하기가 쉽습니다. 마찬가지로 경상권의 사람들이 전라권 사람들과는 다른 후보를 밀고 있다면 나는 또 전라권의 후보를 훨씬 더 좋아하고 있지만, 그렇지 않은 경상권 사람들의 집단 내에 있을 때는 자신의 선호 후보를 자연스럽게 말하지 못할 수 있습니다. 이처럼 집단의 일치성이 강한 곳에서는 상대적으로 소속된 집단의 생각이나 사고방식에 동조하는 현상이 나타납니다.

예를 들어, 이슬람권의 사람이지만 기독교권 역에 머물고 있다면, 기독교적 사고방식과 이슬람적인 사고방식의 차이가 분명히 존재함을 느끼고 불편할 수 있지만 자신이 머물고 있는 기독교권의 사고방식에 마찬가지로 동조하는 현상이 나타납니다. 이란인으로 미국에 유학을 간 이슬람 유학생의 사례입니다. 그는 이슬람 문화권의 사고방식을 가지고 있지만 미국이라는 사회 속에서 친구들과 관계를 유지하는 동안에는 자연히 자신의 이슬람 문화의 보편적인 가부장적인 생각들 또는 남성 중심적 사고를 쉽게 표출하지 못하고 기독교적인 사고방식들, Lady first라는 문화를 자연적으로 익히게 됩니다. 그런데 이 사람이 다시 자기의 본국으로 되돌아갔을 때, 그는 어떻게 행동할까요? 미국의 유학 생활 속에서 주변 사람들과의 커뮤니케이션에서 사용했던 자기의 사고나 행동 패턴이 아니라 현재 자기가 속하고 있는 이슬람권 사람들의 일반 행동 양식을 그대로 다시 행동하는 경향이 나타납니다. 이러한 현상을 동조 현상이라고 합니다.

마찬가지로 내가 어떤 판단을 명확하게 내리지 못할 때는 집단이 가지고 있는 정보의 양과 정보의 질이 높을수록, 전문성의 정도가 높을수록, 그 집단의 정보를 보다 더 신뢰하고 그 집단이 이야기하는 것을 따른다는 겁니다.

예를 들어, 내 친구가 코로나 백신의 부작용에 대해 이야기 한다면 "어! 그래? 뭐 그럴 수 있겠지!"라고 생각합니다. 반면, 세계적으로 권위 있는 전문가가 방송에서 코로나 백신의 효능과 주의해야 할 부작용 등에 대한 이야기를 합니다. 여러분은 어떤 사람의 말을 더 동조하고 믿게 될까요? 아마 대부분은 말한 사람의 전문성의 정도에 따라서 또는 권위의 정도에 따라서 그 사람의 의견에 동조하는 현상이 더 강화될 수 있다는 것을 볼 수 있습니다.

그런데 이러한 현상이 좋은 방향으로 나타나면 굉장히 좋지만 좀 전에 논의했던 것처럼 실질적으로 사람들과의 관계 속에서 여성에 대해서 우호적이고 친여성적인 행동을 했던 유학생이었다고 하더라도 이슬람권의 청년은 본국에 돌아와서는 일가친척의 가부장적이고 권위적인 태도와 일치된 행동을 하였습니다. 실제로 내가 어떤 생각이나 습관을 익혔다고 해도 내가 속해있는 사회 환경 속에서의 동조 현상이 다시 나타날 수밖에 없습니다.

디지털 사회 속에서는 그가 속한 집단을 디지털 그룹이라고 이야기합니다. 그 그룹이 가지고 있는 취향과 생각 등 그 그룹이 주장하고 있는 문화적인 성향을 동조하는 현상이 나타나게 되면 오히려 바람직하지 못한 현상이 나타날 수가 있습니다. 대표적인 것이 동조를 넘어서서 '복종 현상'이 나타날 수 있습니다.

'복종 현상'이란 강한 권위나 강한 압력에 의해서 나의 신념과 다른 행동이나 패턴을 따르는 현상을 이야기합니다. 디지털 사회 이전에 나타난 복종 현상의 대표적인 사례 중의 하나가 2차 세계대전을 일으켰던 히틀러의 유대인 탄압에 대한 복종입니다. 당시 독일인들은 수천 년 동안 이웃으로 함께 생활했던 유대인들 중에는 일각에서는 굉장히 우호적이며 존중했던 사람도 있었고 일각에서는 그렇지 못한 사람도 있었습니다.

그러나 정권을 취득했던 나치당은 유대인, 집시, 장애인에 대해서 인종 편향적인, 편견이 있는 사고방식을 가졌고, 독일 민족의 우수성을 강력하게 주장하면서 유대인들을 조직적으로 박해하기 위한 법적 기반인 뉘른베르크 법(Nürnberger Gesetze: '독일인의 피와 명예를 지키기 위한 법(Gesetz zum Schutze des deutschen Blutes und der deutschen Ehre)'과 '제국시민법(Reichsbürgergesetz)'이라는 두 개의 법률로 구성되어 있음)을 1935년 9월 15일 제정하고 강력한 인종 탄압 정책을 펼쳤습니다. 탄압 정책 속에서도 상당히 많은 독일인들은 "그렇지 않은데! 내 이웃의 유대인들은 그렇게 구두쇠 적이지도 않고, 정말 존경할 인물인데"라고 생각했었으나 나치당의 탄압 정책이 두려워 반대하지 못하고 정책을 받아들이는 복종 현상이 나타났습니다. 당시 상당히 많은 독일인들은 '존경하는 교수님, 의사 선생님, 훌륭한 아저씨, 좋은 아주머니였던 그들의 이웃이지만 유대인이란 이유로 억압적인 인종 편향적인 정책에 고통받는 그들을 돕고 싶었지만, 이들의 행동이 나치당에 발각된다면 그에 따른 탄압이 강력했었기에 복종하는 현상이 나타났습니다.

마찬가지로 SNS에서 빈번히 나타나는 연예인 비난이나 명예훼손을 그대로 수용하는 태도입니다. 자신이 좋아하는 연예인과 대비되는, 그 사람과 대척점이 있는 연예인에 대해서 비판이나 혐오적인 발언을 할 때 사실은 나는 동조하지는 않지만, 우리 집단의견에 대해 "내가 이걸 따르지 않으면, 집단에서 배제될 수가 있을 거야" 아니면 "내가 사용하는 SNS에서 배제당할 수 있을 거야"라는 불안감과 두려움 등으로 복종하는 현상들이 나타나고 있기도 합니다.

이처럼 디지털 사회에는 실제로 동조와 복종 현상이 비일비재로 나타나기 때문에 디지털 윤리가 필요합니다. 그런데 무엇보다도 디지털 사회에서 나타나고 있는 가장 큰 문제에서 '디지털 편향(digital deflection)'이 있습니다.

'디지털 편향'은 무엇일까요? 실제로 인공지능 알고리즘 편향을 이야기합니다. 알고리즘은 언어 속에 있는 데이터의 수식 연산체계를 이야기하는 것으로 인공지능의 알고리즘은 하나의 데이터를 하나의 지식으로 받아들입니다. 우리가 언어나 체계, 경험을 통해서 지식을 받아들이고 이런 정보를 추려내는 것과 마찬가지로 디지털 인공지능도 데이터들을 하나의 지식으로 받아들입니다. 그런데 이 알고리즘은 실제로 수집, 분류할 때, 어느 정도의 편향성을 가질 수밖에 없습니다.

왜냐하면 이 알고리즘을 만든 대부분의 사람들이 유럽인들 또 백인 중심으로 이루어지고 있기에 유럽 문화와 백인 중심의 문화가 포함될 수밖에 없습니다. 제 3세계 국가, 흑인이나 황인족의 문화보다는 백인의 문화에 대한 데이터의 양이 더 많을 수밖에 없습니다. 그래서 데이터의 양에 따라서 하나의 군집 군이 형성됩니다. 알고리즘의 군집 군이 이루어지게 될 때, 비공정한 기준으로 편향이 발생될 수가 있습니다.

편향은 인간의 인식 체계에 나타나는 편견과 차이점이 있습니다. 인간이 가지고 있는 편견과 디지털 편향의 차이는 단순한 인식과 인식에 따른 행동의 수반이라고 할 수 있습니다. 예를 들어 유럽인들이 가지고 있는 편견 중의 하나가 유대인에 대한 편견입니다. 셰익스피어의 소설 「베니스의 상인」, 「스크루지 영감」 등을 보면 유럽인들은 그 어느 민족보다 유대인들을 구두쇠, 욕심쟁이로 생각하는 경향이 있습니다. 그러나 유대인 중에는 아인슈타인(Albert Einstein), 한나 아렌트(Hannah Arendt), 다니엘 바렌보임(Daniel Barenboim) 등 위대한 과학자나 학자, 예술가들이 더 많습니다. 그럼에도 불구하고 유대인에 대한 편견은 있었으며, 히틀러와 같은 인물이 나타나기 전까지는 유대인에 대한 일반적인 생각일 뿐이었지 부정적 행동으로 나타나지는 않았습니다. 인식에 따른 행동이 즉각적으로 나타나지 않는 것입니다.

일반적으로 육체노동자와 정신노동자로 구분했을 때, '정신노동자보다는 육체노동자가 취향이 좀 더 단순하다'라는 편견이 있다고 합시다. 그런 대표적인 예가 누군가 전문가의 모습과 운동선수의 사진을 보여주면서 "누가 더 똑똑할까요?"라고 하면 대부분이 전문가를 선택하며, 훨씬 더 똑똑하다고 말합니다. 이는 생각의 표현일 뿐입니다.

그러나 이러한 관념들이 데이터로 축적이 된다고 해 봅시다. 그러면 인공지능의 데이터 알고리즘은 지식인이나 전문가들에게 지식적이고 전문적인 내용들을 더 권유를 할 것이고, 운동선수나 육체노동자에게는 단순한 취향을 주로 권유하게 된다는 겁니다. 데이터는 특정 행동이나 성향이 자동적으로 인공지능에 입력되면서 그에 따른 데이터가 추출되고, 실제로 영향력을 만들어 냅니다. 그래서 편견은 행동하기 전까지는 단지 편견일 뿐인데 편향은 반드시 행동이 야기된다는 특징을 볼 수가 있습니다.

디지털 편향의 사례를 본다면 어떤 것이 있을까요? 가장 대표적인 것이 2015년 6월 '구글의 포토서비스 사례'입니다. 흑인 프로그래머 재키 앨신(Jacky Alcine)이 여자 친구랑 찍은 사진을 올린 뒤 실제로 발생한 일입니다. 구글의 포토는 '고릴라(gorillas)'라는 단어를 합성합니다. 왜 이런 문제가 발생했을까요? 구글 포토의 상당히 많은 데이터들은 백인 중심으로 이루어져 있으며, 아프리카인이나 황인종의 사진 등의 데이터들은 많지 않았습니다. 실제로 동물들, 고릴라나 일반적인 침팬지의 사진들은 흑인의 사진보다 훨씬 더 많이 데이터에 포함되어 있었기에 더 많은 군집군에 의해서 사람보다는 오히려 고릴라를 만들어 냈다고 유추할 수 있습니다.

디지털 편향의 사례

- **편견과 디지털 편향의 차이점**

  - 2015년 구글 포토 서비스 사례
    흑인 프로그래머 앨신이 흑인 여성 친구와 찍은 사진을 인터넷에 올리면서 발생. 사람 이름이 아닌 '고릴라'라는 이름이 달림

2015년에 구글에서 사물 인식 프로그램으로 출시한 "구글 포토 Google Photo" 카메라 앱은 흑인 커플의 얼굴을 고릴라라고 인식함. 이는 큰 사회적 논란을 불러일으켰고, 구글은 이에 대해 바로 사과하고 시정을 약속함. 그렇지만 2018년에 발표된 해결책은 "고릴라"를 검색 인덱스에서 지우는 것이었음. 같은 해에 구글의 광고가 여성에 비해 남성들에게 높은 보수의 자문, 관리 직종 등 상대적으로 고급 취업 광고를 내보낸다는 사실도 드러남.

당시 "구글 포토" 사건 후 어떤 대책 나올지 상당히 많은 관심이 나타났지만, 2018년에 고릴라라는 단어만을 빼는 결과만 나오고 데이터적인 편향을 완벽하게 해결하지는 못했습니다. 유사한 사례를 하나 더 제시하겠습니다. 마이크로소프트사의 챗봇에서 만든 '테이'가 16시간 동안 인간들과 채팅을 나누면서 상당히 많은 부정적 데이터들을 학습한 사례입니다. 채팅 과정에 참여했던 많은 사람들이 가졌던 문화적인 편견들, 예를 들어서 파시스트적인, 보수적인 생각들이 16시간 만에 학습이 된 겁니다.

그래서 "테이"는 흑인을 "깜둥이"라고 표현하게 되었고, 어떤 경우에는 가장 많이 접했던 파시스트적인 사람들의 언어까지도 쓰게 되었습니다. 실제로 학습하는 과정에서 데이터와 학습하는 사람들과의 접촉에서 어떤 사람과의 접촉이 많은 가에 따라, 어떤 언어와 단어를 더 많이 접하는가에 따라 대조적인 편향이 나타났습니다.

아래의 그림 속의 사진처럼 일반적인 시선 즉, 흑색은 부정적인 색상이고 흰색은 밝은 색상이라고 생각합니다. 그래서 똑같은 손에 쥐어진 체온계임에도 불구하고 백인의 손에 쥐어진 체온계는 그냥 체온계로 인식된 반면 흑인의 손에 쥐어진 체온계는 권총으로 인식하는 현상이 나타나기도 합니다.

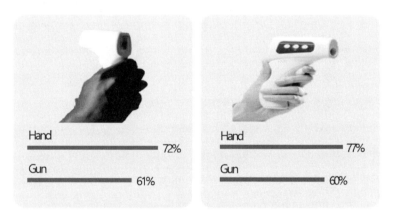

구글 인공지능 서비스로 이미지 식별 실험을 한 결과, 어두운 피부를 가진 사람이 체온계를 들고 있으면 총으로 분류하는 비율이 높게 나옴

이것은 데이터적인 편향에 따른 결과라고 이야기할 수 있습니다. 그런데 이러한 데이터적인 편향은 범죄자에 대한 재범률을 인식하는 데에도 나타납니다.

▪ 비공정한 기준으로 알고리즘이 만들어지거나 학습되는 경우

소프트웨어의 재범 위험 평가가 반영돼 징역 6년
을 선고받은 에릭 루미스 / 위스콘신주 교정국

COMPAS는 Northpointe社가 만든 범죄자의 재범가능성(recidivism)을 예측하는 인공지능
시스템

미국의 디지털 편향의 대표적 사례는 2013년 에릭 루미스(Eric Loomis)라는 사람의 범죄에 대한 구형에서 나타났습니다. 에릭 루미스(Eric Loomis)는 총격과 관련된 차량을 단순히 탈취해 도주하였습니다. 실제 에릭 루미스는 성범죄자였습니다. 성범죄자가 총격과 관련된 차량을 탈취해 도주했다는 이유 하나로 미국의 컴파스(COMPAS)라는 인공지능에서는 '재범 가능성'이 가장 높다는 평가를 내려 무려 징역 6년을 구형합니다. 그 어떤 범죄보다도 성범죄는 재범 가능성이 높은 재범률을 보이고 있기 때문입니다. 에릭 루미스는 실제로 자신은 차량을 탈취했을 뿐인데 "이것은 나에게 너무나 가혹한 중형이다"라고 당시 위스콘신 법원에 항소했지만, 법원은 재범률에 대한 컴파스(COMPAS)의 보고서를 그대로 인용해서 6년의 징역을 구형했습니다.

이것은 사회적인 문제를 일으켰으며 현재는 미국 대법원의 연방 대법원에 계류 중이지만 해결하지 못하고 있습니다. 마찬가지로 컴파스(COMPAS)는 백인이나 부자보다는 흑인이나 빈민굴에 거주하는 사람들 또는 피고인의 나이나 성별, 유죄 판결 여부나 그 사람의 친인척들, 그 사람의 주변 인물들이 범죄사실에 연루되어 있을 때 등을 고려하여 재범률을 높게 평가하는 경우가 많이 있습니다. 이러한 '디지털 편향'

이 엄청나게 문제를 일으킬 수 있다고 하지만 실제로 유럽에서는 '디지털 편향'에도 불구하고 '디지털 판사'를 고용한 사례가 있습니다. 대표적 사례가 에스토니아의 디지털 판사인 '엑스로드(X-road)'입니다.

에스토니아는 2019년 AI 판사 제도를 세계 최초로 시범 도입

- 엑스로드는 2001년에 도입된 국가 종합 데이터베이스로 에스토니아 인구 133만 여 명의 세금, 의료, 교육, 부동산에서부터 각종 재판 자료의 기록을 디지털화한 것

에스토니아는 발트해 연안에 있는 소국가입니다. 이 나라는 2001년에 '엑스로드(X-road)'라는 국가 종합데이터를 개발합니다. 이 '엑스로드(X-road)'는 인구 133만 명의 세금이나 의료기록, 교육이나 부동산 그리고 각종 재판 기록을 디지털화하고 2019년에 AI 판사제도를 세계 최초로 시행하였습니다. 그리고 실제로 상대적으로 분쟁 가능성이 적은 사건과 금액적으로 7000유로, 한화로는 900만 원 정도의 소액 사건에 대해서는 AI 판사가 더 공정하고 더 빠르게 판단할 수 있다고 판결을 시작하였습니다.

에스토니아는 2019년 AI 판사 제도를 세계 최초로 시범 도입

- 유럽 발트해 연안 끝에 있는 나라 에스토니아는 소액사건에 대해서 인공지능 판사를 도입함
- 자국민들의 빅데이터를 디지털화하여 저장하고 있는 에스토니아의 '엑스로드' 시스템을 바탕으로 정형화 되어있고, 분쟁가능성이 상대적으로 적은 7000유로(한화 약 900만 원)이하의 소액재판에는 인공지능 판사의 판결을 적용함

여러분은 인공지능 판사의 도입을 찬성하십니까? 아니면 반대하십니까? 어떤 경우에는 인간 판사보다 AI가 더 빠르고 공정하다고 이야기되기도 합니다. 반면, "AI 판사가 빠르고 공정할 수도 있겠지만, 디지털 편향이 있을 때 과연 공정할까?"라는 의문이 들게 됩니다. 여러분은 디지털 편향으로부터 완전히 독립된 AI 판사가 있다고 믿으십니까? 그것을 어떻게 만들어 나가야 할까요?

제2장 디지털 시대의
인공지능

1. 인공지능의 역사

인공지능이란 무엇인가?

A

'인공적으로 만든 기술'
'사람이 만든 지능'

B

사람처럼 생각하고
사람처럼 행동하는 기계

C

사람의 지적 행동을
모방할 수 있도록
만든 장치 또는 시스템

D

새로운 패러다임
(앤드류 응 스탠포드 교수
"새로운 전기")

인공지능(Artificial Intelligence)을 창조한 분은 앨런 튜링(Alan Mathison Turing)입니다. 튜링 박사는 1950년대에 <계산 기계와 지능(Computing Machinery and Intelligence)>이라는 논문을 내면서 인공지능에 대한 새로운 개념을 소개합니다. 당시의 컴퓨터는 수학적 연산, 일반적으로 사용하는 계산기와 같은 개념의 컴퓨터였습니다. 튜링은 컴퓨터로 인간과 같이 생각할 수 있는 지능적인 작업을 할 수는 없을까? 보통 사람들의 지능을 컴퓨터가 담아낼 수 없을까? 라는 생각을 하면서 처음으로 기계에 인간의 지능을 도입하고자 하는 시도를 합니다. 그리고 기계의 인공지능 여부를 판별하기 위해 튜링 테스트(Turing test)를 도입합니다.

인공지능의 도래

AI 선구자인 앨런 튜링(Alan Turing)은
1950년 "Computing Machinery and Intelligence"에
튜링 테스트(Turing test)와 AI의 주요 개념을 소개

컴퓨터가 '생각'할 수 있는가?

보통의 사람이 수행하는
지능적인 작업을 자동화하기 위한 연구 활동으로 나타남

컴퓨터가 인간과 같이 생각하고 인간과 같은 지능 활동을 할 수 있는 인공지능의 단계는 기술적 발달, 컴퓨터의 발달과 함께 발전해 왔습니다. 인공지능의 역사는 심볼릭 AI(Symbolic AI), 머신러닝(Machine learning), 딥러닝(Deep Learning)으로 발달되었으며, 기계적인 인공지능에서 인간의 신경망을 모태로 한 딥러닝 기술까지를 포함해서 3 단계를 거쳐서 발전했다고 볼 수 있습니다.

인공지능 역사의 3단계 발전은 아래의 그림과 같습니다.

인공지능의 도래

첫 번째 단계는 1956년 이후부터 1960년대 후반까지의 기간을 우리가 인공지능의 1단계라고 이야기합니다. 영국의 수학자이자 컴퓨터 과학자이며 철학자였던 엘렌 튜링이 1950년 철학 저널 마인드지에 <계산기계와 지능>이라는 논문을 통해 계산하는 기계가 지능이 있을 것으로 간주될 수 있는 가능성을 제안한 후, 1956년에 다트머스 회의(Dartmouth Conference)에서 공식적으로 인공지능이라는 용어가 등장하게 됩니다.

1차 부흥기 (1956~1960년대 후반)

- 1956년 다트머스 회의에서 공식적으로 인공지능이 등장함

- 1950년 앨런 튜닝은 기계가 인공지능을 갖추었는지 판별하는 튜링 테스트를 고안

- 인공지능은 제한된 범위에서만 정보를 처리- 심볼릭 AI (symbolic AI)

- 즉, 체스 게임처럼 잘 정의된 논리적인 문제를 푸는 데 적합

1950년의 컴퓨터는 상당히 많은 데이터를 넣어서 그 데이터를 통해서 일정한 규칙을 발견하고 거기에서 답을 추출하는 과정입니다. 앨런 튜닝은 이 컴퓨터가 인공지능을 갖췄는지 판별하는 튜링 테스트(Turing test) 를 하였습니다. 튜링 테스트는 타자기를 통해 보이지 않는 상대(기계)에게 질문을 던졌을 때, 그 답변이 인간의 답변과 구분하기 어렵다면 상대가 인간과 같은 지능을 가지고 생각한다고 판단하는 것입니다. 당시의 컴퓨터에 수학적 연산 능력이라든지 컴퓨터 용량의 차이가 있었기 때문에 기술적인 질적 발달이 없어서 제한적인 범위 내에서만 정보를 처리하는 심볼릭 AI(Symbolic AI)라고 이야기할 수 있습니다.

머신러닝(Machine learning)은 1959년 아서 사무엘(Arthur Lee Samuel)이 '컴퓨터가 명시적으로 프로그램되지 않고도 학습할 수 있도록 하는 연구 분야'라고 정의하면서 발전하기 시작했습니다. 머신러닝은 전통적인 튜링 당시의 인공지능과는 다르게 인간이 어떤 명령을 만들어 낸 게 아니라 컴퓨터가 데이터를 처리하면서 자체 내에서 규칙과 답을 찾아내는 것을 이야기합니다. 그러나 당시의 컴퓨터는 체스나 바둑처럼 간단하게 정리된 논리적인 문제를 푸는 데는 적합했지만 요즘 말하는 빅데이터들을 처리하는 데 기술적으로 적합하지 못했기 때문에 한계가 나타났습니다. 따라서 1960년대 후반에 인공지능의 발달이 잠시 정체된 상태가 됐습니다.

2차 부흥은 1980년대 초반입니다. 이 당시 인공지능은 전문가 수준 또는 전문가와 마찬가지로 문제 해결을 할 수 있는 전문시스템의 인공지능을 생각했습니다. 당시에는 많은 관심을 일으켰지만 실제로 전문적인 상황들에 빈번히 발생한 우연한 변수들을 적절하게 대처하지 못했기에 실용성이 떨어졌습니다. 인공지능은 1980년대 초반에 잠시 부흥하다가 다시 정체기에 들어서게 됩니다.

3차 부흥은 2006년 토론토 대학의 제프리 힌튼(Geoffrey Everest Hinton) 교수가 <심층 신뢰 신경망을 위한 빠른 학습 알고리즘(A Fast Learning Algorithm for Deep Belief Nets)>라는 논문을 발표하며 '심층 신뢰 신경망'이라는 알고리즘으로 비지도 학습이 가능한 '딥러닝(Deep Learning)' 기술을 처음으로 발표하면서 발전하게 됩니다. 인간의 뇌 구조에서 연결되는 심층망을 중심으로 새롭게 등장한 '심층 신뢰 신경망'이라는 인공지능 기술이었습니다. 현재 4차 산업혁명은 딥러닝 기술의 발전과 함께 이루어졌다고 보시면 됩니다.

제프리 힌튼 교수는 '인공신경망'을 통한 기계학습 연구에 대한 공로를 인정받아 2018년 '튜링상(Turing Award)'에 이어 2024년 10월 8일 존 홉필드(John Joseph Hopfield) 교수와 함께 '노벨물리학상'을 수상 했습니다.

2차 부흥기(1980년대 초반)

- 전문가와 동일하거나 그 이상의 문제해결 능력을 지니는 전문가 시스템(expert system) 개발

3차 부흥기(2000년대 딥러닝 기술의 등장)

- 2006년 제프리 힌튼 토론토대학 교수가 '딥러닝 기술'을 발표하면서 발전

- 심층 신경망

인공지능 기술에 대해 구체적으로 살펴보면 다음과 같습니다. 1950년대 후반에서부터 1960년대까지 이뤄졌던 초기 단계의 인공지능은 규칙과 데이터 안에서 답을 추출하는 방식입니다. 앨런 튜링이 만들었던 전통적인 프로그래밍 방식은 기존의 데이터가 있다면 그 데이터 속에 '두 발로 걷는 것은 사람이다'라는 규칙과 '네 발로 걷는 것은 동물이다'라는 몇 가지 규칙을 내재하여야 합니다. 질문하는 데이터가 내재되어 있는 규칙에 적합하였을 때, '이것은 동물이다', '이것은 사람이다'라고 구분하는 것이 인공지능이었습니다. 전통적인 규칙이 있고 이미 해답이 정해져 있기에 해답을 찾아내는 과정의 심볼릭 AI는 당시에 기계적인 기술의 한계가 있었기 때문에 해답은 어떻게 보면 일정한 부분에서 한정적일 수밖에 없었습니다.

우리가 어떤 것을 작동시키기 위해 '어떻게 명령할지 알고 있는 것' 이상을
컴퓨터가 처리하는 것이 가능한가?

프로그래머가 직접 만든 데이터 처리 규칙 대신
컴퓨터가 데이터를 보고 자동으로 이런 규칙을 학습할 수 있을까?

특정 작업을 수행하는 법을 스스로 학습할 수 있는가?

컴퓨터가 우리를 놀라게 할 수 있을까?

해당 질문은 새로운 프로그래밍 패러다임의 장을 엶

머신러닝(Machine learning) 단계는 프로그래머가 데이터의 규칙을 정해주는 대신에 컴퓨터가 스스로 학습하는 것입니다. 스스로 일정 정도의 데이터들을 수집하여 학습하면서 그 데이터를 통해서 공통점과 차이점을 발견하고, 네 발로 걷는 데이터들의 규칙을 만들어 내고 그 속에서 '이것은 동물이구나, 고양이구나, 강아지구나' 하는 구별된 특징으로 답을 만들어가는 과정입니다.

오늘날의 머신러닝은 카네기 멜론대의 톰 미첼(Tom Mitchell) 교수에 의해 보다 발전하였습니다. 그는 1977년 "어떤 작업 T에 대하여 컴퓨터 프로그램의 성능을 P로 특정했을 때, 경험 E로 인해 성능이 향상되었다면, 이 컴퓨터 프로그램은 작업 T와 성능 측정 P에 대해 경험 E로부터 학습한다고 말한다."라고 머신러닝의 프로그램 학습을 정의하였습니다. 즉, 컴퓨터가 어떤 작업에 대한 꾸준한 경험을 통해서 그 작업의 성능을 높이는 것으로 경험의 축적, 데이터의 양, 데이터의 질에 따라서 새로운 규칙과 발전이 나타날 수 있다고 합니다.

톰 미첼(Tom Mitchell) 교수는 머신러닝의 작업에 대해 꾸준한 경험

을 통하여 그 작업에 대한 성능을 높이는 것을 강조합니다. 꾸준한 경험을 얻기 위해서는 반드시 대용량 데이터가 필요한데 이를 학습 데이터라고 합니다. 빅 데이터를 머신러닝이 학습할 때. 엄청나게 많은 데이터를 통해서 스스로 규칙을 발견하고, 답을 만들어 데이터를 표현(Representation)하고, 데이터의 처리를 일반화(Generalization)하기도 합니다.

또 다른 관점에서 보면 기계가 알고리즘을 이용해 학습 데이터로부터 의미 있는 패턴과 규칙을 학습하고 이를 기반으로 얻은 모델을 통해 의사결정 예측을 수행하는 기술이라고 볼 수도 있습니다. 머신러닝의 이러한 특징은 학습된 데이터의 내용이나 품질에 따라서 편향이 발생할 수도 있어 머신러닝의 사용에서 주의할 점이 됩니다.

머신러닝(Machine learning)은 크게 지도 학습(Supervised Learning), 비지도 학습(Unsupervised Learning), 강화학습(Reinforcement Learning)의 세 가지 종류로 나누어집니다. 그리고 학습 데이터에 레이블(Label) 있는 경우와 없는 경우에 따라 지도 학습과 비지도 학습으로 나뉩니다.

지도학습(Supervised Learning)이란 미리 정의된 정답을 의미하는 레이블(Label)이 존재하는 데이터를 기반으로 컴퓨터를 학습시키는 방법입니다. 비지도 학습(Unsupervised Learning)은 입력데이터에 대한 레이블(Label) 없이 컴퓨터를 학습시키는 방법입니다. 강화학습(Reinforcement Learning)은 소프트웨어가 현재의 상태를 인식하고 이를 기반으로 선택가능한 여러 가지 행동 중 보상을 최대화하는 행동을 선택하도록 학습하는 방법입니다.

지도학습(Supervised Learning)이라고 하면 머신러닝의 초기 단계로 앨런 튜링의 단계를 이야기합니다. 입력데이터에 대한 어떤 정해진 답이 있습니다. 이것을 레이블(Label)이라고 합니다. 이 답의 양이 많으면 정답에 가깝겠죠. 그래서 실제로는 50년대 후반에 머신러닝 이전의 단계에선 데이터의 양 때문에 지도학습에 한계가 있어 비지도 학습의 머신러닝이 개발된 것입니다.

비지도 학습(Unsupervised Learning)의 머신러닝은 입력데이터에 대한 레이블(Label)이 없습니다. 정해진 레이블 없이 컴퓨터가 스스로 규칙을 발견하고 학습하는 단계입니다. 쉽게 표현하면 꽃에 대한 자료로 만 개가 넘는 데이터를 입력한 뒤에 꽃의 종류를 질문했을 때 그 데이터 속에서 가장 적합한 꽃 명을 예측하는 것이 머신러닝입니다. 예를 들어 붓꽃은 세토사(setosa), 버시컬러(versicolor), 버지니카(Virginica)라는 세 종류로 구분할 수 있습니다. 붓꽃의 꽃받침의 길이와 높이, 꽃잎의 길이와 높이 등의 데이터를 기계에 입력해서 학습을 시킨 후 질문을 합니다. "이 붓꽃은 어느 종류에 속하나"라는 질문을 하면 가장 정답에 가까운 붓꽃의 명칭을 답으로 도출합니다.

강화학습(Reinforcement Learning) 단계의 머신러닝은 입력데이터에 대한 현재 상태를 인식하고 이를 기반으로 해서 우리 인간의 뇌가 유추 가능한 방법으로 어떤 명확한 답을 찾아내는 과정입니다. 체스처럼 완벽하게 규칙이 정해져 있다면 모르겠지만 예를 들어서 포커같은 경우에는 네 명의 포커 선수가 있고 누군가가 의도적으로 블러핑(Bluffing)을 한다고 합시다. 속임수죠. 그러면 컴퓨터가 스스로 이 4명의 포커를 블러핑하면서 포커 선수를 속일 수도 있는 실질적으로는 규칙을 발견하는 것뿐만 아니라, 사람들의 머리를 뛰어넘어서 스스로 블러핑을 만들어 내고 인간을 속일 수 있는 단계 이것을 강화 학습 단계라고 생각하면 됩니다.

그럼 인공지능 머신러닝과 딥러닝의 관계는 어떻게 정의할 수 있을까요? 쉽게 머신러닝은 인공지능의 일종이고 딥러닝은 머신러닝의 일종이라고 할 수 있습니다. 즉 인공지능이라는 개념 안에 머신러닝이 포함되며, 머신러닝에 딥러닝이 포함되는 관계라고 볼 수 있습니다.

머신러닝 (Machine learning)

- **전통적인 프로그래밍인 심볼릭 AI**

  - 규칙(프로그램)과 이 규칙에 따라 처리될 데이터를 입력하면 해답이 출력됨

- **머신 러닝**

  - 데이터와 이 데이터로부터 기대되는 해답을 입력하면 규칙이 출력됨
  - 이 규칙을 새로운 데이터에 적용하여 창의적인 답 생성 가능

출처 : 케라스 창시자에게 배우는 딥러닝(2018)

딥러닝의 발달 과정을 살펴보겠습니다. 딥러닝의 시작은 신경외과 종사자인 워렌 맥캘럭(Warren McCulloch)이 인간의 신경망과 유사하게 뉴런들을 만들어서 이 뉴런들을 그물망 형태로 연결하면 어떨까하는 생각을 하게 되면서부터였습니다. 멕켈릭은 1943년 워터 피츠(Walter Pitts)와 함께 '인간의 두뇌에서 뉴런들로 이루어진 신경망을 논리적으로 표현하는 범용적인 컴퓨터 장치를 만들 수 있다'라는 맥컬럭-피츠 모델 (McCulloch-Pitts Model)의 가설을 제시합니다.

딥러닝은 1958년 코넬 대학교의 프랭크 로젠블랫(Frank Rosenblatt)이 <퍼셉트론(THE PERCEPTRON)>이란 논문을 발표하며 뉴런 연결망의 최소단위인 '인공신경망'을 공개하면서 더욱 발전하게 되었습니

다. 로젠블랫은 미 해군이 연 기자회견에서 "퍼셉트론(Perceptron)은 보고, 쓰고, 자가 생식이 가능하고, 본인의 존재까지 자각할 것이다"라고 설명하며, 인공지능이 인공신경망을 통해 인지과정을 이해하고 실제 문제를 해결할 수 있음을 강조하였습니다.

퍼셉트론(Perceptron)의 기능을 수학적 예시로 설명하면, 입력신호에 가중치(weight, 수학기호 w)를 더해서 w1x1 + w2x2가 어떤 역치 b보다 크면 활성화된 출력 y=1을 넘기고, 그렇지 않으면 비활성화된 출력 y=0을 넘겨주게 합니다. 이 작업은 적당한 매개변수 w1, w2, b의 학습(learning)을 통해 최적화가 선택될 때 성공적으로 수행할 수 있습니다. 그러나 당시 주류이었던 마빈 민스키(Marvin Minsky) 박사는 기호나 통계를 기반으로 인공지능을 학습하자고 주장하며, 퍼셉트론의 논리 회로에서 XOR(exclusive OR) 게이트가 지닌 문제와 관련해 단층 신경망의 한계를 제시합니다. 왜냐하면 당시 컴퓨터는 계산 능력도 뛰어나지 않았고, 일단 학습하려면 데이터가 있어야 하는데 데이터의 양이 부족했기 때문입니다.

그러던 중 2006년 제프리 힌튼 토론토 대학교 교수가 어떤 입력 x와 출력 y가 주어져도 둘 사이의 관계를 표현할 수 있는 신경망이 존재함을 알아내어, 오차 역전파 알고리즘을 사용해서 해당 신경망의 최적화된 매개변수(w1, w2)를 결정할 수 있게 되었습니다. 이러한 연구는 이전까지 이어지던 신경망 연구를 '심층 신경망'으로 확대하여 본격적으로 인공지능을 대표하는 딥러닝을 발전시켰습니다.

인간의 두뇌에는 약 1천억 개가 넘는 신경세포가 있습니다. 신경세포는 매우 복잡하게 연결되어 있는데, 하는 일은 A라는 자극을 받게 되면 다른 연결된 뉴런들에게 신호를 보내는 일입니다. 인간의 두뇌에서 신경세포가 반응하고 연관된 세포들이 연쇄적으로 반응이 일어나는 방식, 그리고 결과적으로는 그 신경세포가 연쇄적으로 일으킨 반응이 나에게 결과로 도출되는 것을 '심층 신경망'이라 합니다. 이것을 인공 신경망으로 만든 것이 딥러닝이라 할 수 있습니다.

예를 들면 사람이 아이에게 고양이 사진을 여러 장 보여주면서 이것은 고양이라고 알려줍니다. 그러면 사진에 나타난 고양이가 고양이인지를 알려줄까요. 아니죠. 그냥 고양이이기 때문에 고양이라고 인식됩니다. 만약 누군가 이 사진에 동물이 왜 고양이인지 한 번 이유를 알려달라 하면 여러분은 대답할 것입니다. "딱 보니 고양이야! 하얗고, 까만, 수염이 있고, 눈 동그랗고, 귀엽고" 등의 이유를 두서없이 나열할 것입니다. 사실 사람들도 고양이가 왜 고양이인지 구체적인 이유를 말하기 곤란합니다. 이미 뇌 속의 신경세포들이 반응해서 그 반응의 결과로 '고양이다'라고 감각적으로 인식되는 것이기 때문입니다.

사람의 시각으로 고양이를 인식하는 것과 유사하게 컴퓨터의 딥러닝은 이미지가 입력(input)되면 이미지를 보고 판단을 한 후에 고양이일 확률이 몇 프로가 넘는다고 출력(output)이 나오는 것을 의미합니다. 이러한 딥러닝 기술은 보다 발전하여 사진을 90도로 기울여서 컴퓨터에게 인식시킬 때, 전혀 다른 사진이 될 수도 있지만 가중치를 통해 뉴런들이 연쇄적으로 반응을 일으켜 고양이를 인식하는 단계로 발전하였습니다.

인공지능의 종류를 크게 나누어 보면 약인공지능, 강인공지능, 초인공지능으로 분류할 수 있습니다. 약인공지능은 간단한 머신러닝, 딥러닝 기법을 이용해서 학습한 인공지능을 말합니다. 인간과 비교했을 때 지능이 더 낮거나 비슷한 정도를 의미합니다. 인간의 생활을 하는데 옆에서 도와주는 역할을 하거나 스스로 어떤 규칙을 찾아서 문제를 해결할 능력이 있는 정도라고 생각하면 됩니다.

강인공지능이란 모든 분야에서 사람과 동일한 지능 혹은 그 이상의 지능을 가진 것을 의미합니다. 사람의 생각이나 행동 움직임이 완벽히 분석된 상태 자아나 의식이 있을 수 있는 인공지능의 단계를 의미합니다. 예를 들어 영화 터미네이터에서 나오는 하이브 마인드(Hive Mind) 인공지능 슈퍼컴퓨터 스카이넷(skynet) 정도라고 생각하면 됩니다.

초인공지능은 모든 면에서 인간의 능력을 초월하는 인공지능을 의미합니다. 인간의 능력을 초월한 인공지능은 스스로 학습을 통해서 자체적으로 기능을 개선하는 게 가능해지게 됩니다. 학습하는데 속도가 붙게 되고 자기 학습이 빨라지게 되면 인간이 열등한 종으로 분류가 될 수 있는 상상을 초월하는 초인공지능이 나올 수 있습니다.

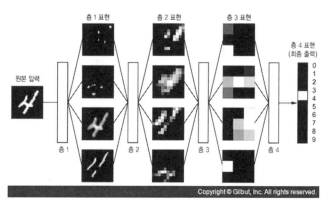

Copyright © Gilbut, Inc. All rights reserved.

출처: 케라스 창시자에게 배우는 딥러닝(2018)

딥러닝 과정은 인공지능에 데이터가 입력되면 은닉층 안에서 규칙을 발견하고 특징 또는 새로운 가능성, 예측 가능성을 만드는 것입니다. 위[그림]에서 보면, H라는 입력층이 있다면 여기에 인간의 심층 신경망과 같이 인공지능은 컴퓨터 안의 은닉층에서 이미지의 여러 가지 형태나 형식에 대해 규칙을 만들어 내고 결과를 출력합니다. 즉, 인공지능의 딥러닝은 인간의 심층 신경망과 같이 여러 개의 층 속 실제로는 은닉층 안에서 데이터의 규칙을 발견하고 출력하는 것이라고 보면 됩니다.

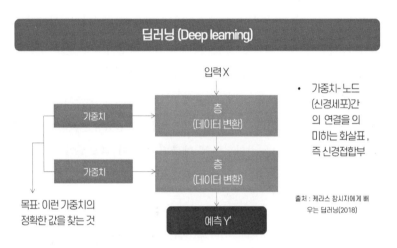

딥러닝은 머신러닝보다 심도깊은 분석 과정이라고 보면 됩니다. 딥러닝 단계는 인간이 뇌의 기능을 통해 다단계의 정보를 추출하는 것과 유사한 패턴으로 특징, 느낌들이 같은 H라고 하더라도 H의 형태나 디자인, 느낌 등을 포괄하여 다단계 정보를 추출하는 것입니다.

초기에 앨런 튜링이 이야기한 정보에서는 단순히 '네발로 걷는 것은 동물이다'로 표현할 수밖에 없지만, 동물 속에서도 고양이와 강아지로 구별할 수 있는 것이 딥러닝 단계라고 생각하면 됩니다.

현재는 앨런 튜링의 인공지능 단계를 좀 더 잘 이용할 수도 있습니다. 왜냐하면 오늘날의 컴퓨터 기술은 빅데이터를 활용할 수 있기에 '어떤 특징에 대한 답을 데이터에 부여한다면' 위와 같은 딥러닝 과정 없이도 명확한 답을 추출할 수 있을 것입니다. 인공지능이 스스로 규칙을 학습하고 판단하는 과정이 있기에 딥러닝 기술이 좀 더 보편적으로 발달하고 있다고 생각하면 됩니다.

딥러닝에 대해 좀 더 구체적으로 살펴보면, 인간의 뇌와 마찬가지로 인공지능에 어떤 내용이 입력되면 그 속에 은닉층이라는 데이터 변환 과정을 거치는데 그 과정에서 가중치라는 것을 적용합니다. 인간의 신경망과 마찬가지로 입력된 동물의 데이터의 특징이 '네 발로 걷는다'라고 하더라도 네 발로 걷는 특징에서도 고양이만의 특징이나 강아지만의 특징이 있다면, 고양이의 특징에 대한 가중치가 부여되고, 강아지의 특징에 대한 가중치가 부여됩니다. 인간의 신경망 속에서 하나의 특징이 규칙이 되거나 강화되면서 예측되는 답이 나오듯이, 인공지능의 딥러닝도 은닉층의 가중치 부여와 분석을 통해 강아지인지, 고양이인지에 대한 답을 출력합니다.

은닉층 안의 가중치(weight)라고 하는 노드(node)는 인간의 신경세포 간의 연결을 의미하는 '신경 접합부'와 같은 것입니다. 그래서 실질적으로 그것이 어떻게 접합되는가에 따라서도 딥러닝의 상태가 달라진다고 생각하시면 됩니다. 따라서 인공지능의 딥러닝은 인간의 신경망과 같은 노드가 연결되어 있어서 스스로 학습하고, 강화하고, 답을 예측하고 발견할 수 있습니다. 인간의 지능을 넘어서는 고도로 발달된 인공지능으로 발전할 수 있게 된 것입니다.

딥러닝은 사람과 비슷한 수준의 이미지를 분류할 수가 있습니다. 예를 들어서 사람의 음성이나 음향 등 자연어의 구별이 가능하게 되었습니다. 음성에서 뉘앙스를 찾아내기도 하고 그 사람의 메시지에 대한 답들을 예측하기도 합니다. 홍채를 인식하는 것과 비슷하게 실제로 인공지능은 주인의 말을 인식해서 응답하는데 알라딘의 램프처럼 "문 열

어라"라고 말하면 잘 알아듣습니다. 그러나 다른 사람이 말하면 그 음성의 음향 패턴이 다르기에 말을 못알아 들을 수도 있습니다. 이처럼 사람과 비슷한 수준의 음향을 인식할 수도 있을 뿐만 아니라 사람과 비슷한 자율 주행 능력도 딥러닝 기술에서 나왔다고 보면 됩니다.

딥러닝 (Deep learning)

사람과 비슷한 수준의 이미지 분류	자연어 질문에 대답하는 능력
사람과 비슷한 수준의 음성 인식	사람과 비슷한 수준의 자율 주행 능력
사람과 비슷한 수준의 필기 인식	향상된 웹 검색 엔진의 결과
향상된 기계 번역	사람을 능가하는 바둑 실력
향상된 TTS Text-To-Speech 변환	구글, 바이두, 빙에서 사용하는 향상된 광고 타기팅
구글 나우Now와 아마존 알렉사Alexa 같은 디지털 비서	

딥러닝 기술은 '신경 심층망'을 통한 가중치 기능이 있기에 사람과 비슷한 인식이 가능합니다. 그래서 웹상의 검색엔진을 찾았을 때도 이 사람의 취향이 무엇인지 파악하는 것입니다. 그래서 여러분이 스마트폰에서 자주 검색하고 있는 유튜브라면 여러분이 음식과 관련된 유튜브를 볼 상황이 된다면 여러분의 취향에 맞춰서 검색물을 제시해 주게 됩니다. 마찬가지로 인공지능은 인간의 언어나 행동 표현에 대해 유추와 예측이 가능해지면서 알파고는 이세돌 9단과의 바둑 대결에서 이세돌 9단을 넘어서는 바둑 실력을 만들어 낼 수 있게 되었습니다. 또한 빅데이터가 발달하면서 20대가 좋아하는 취향의 음식, 60대 이상의 노년층이 좋아하는 음식, 웰빙을 좋아하는 사람들의 취향, 운동을 즐기는 사람들이 좋아하는 먹거리 등을 구분해 내기에 연령과 취향에 따라 광

고 타기팅을 찾을 수 있게 되었습니다.

2. 인공지능 윤리와 윤리적 원칙

우리가 의사결정 자동화를 이야기할 때 인공지능 로봇을 떠올립니다. 인공지능 로봇에 대한 인공지능 윤리를 논의할 때 가장 대표적인 것이 '로봇 3원칙'으로 아이작 아시모프(Isaac Asimov)가 1942년에 쓴 단편소설 <위험에 빠진 로봇(Runaround)>의 "서기 2058년 제56판 로봇공학의 안내서"에서 처음 제시한 도덕 원칙입니다.

당시 '로봇 3원칙'은 로봇의 행동에 대해 인간이 제어하는 것을 목적으로 로봇의 행동에 대한 세 가지 규제 원칙을 제시한 것입니다. 당시의 로봇은 '규칙 기반 인공지능'이라고 이야기할 수 있습니다. 인간이 로봇에게 행동반경에 대한 일정 정도 규칙을 넣어주면 로봇은 그규칙에 따라 활동하게 됩니다.

인간을 대체하는, 인간의 지능을 대체하는 로봇을 제작했을 때 우리가 무엇을 먼저 생각하게 되었느냐면 어떤 원칙을 만들었을 때 로봇이 지키지 않으면 로봇을 만들 수 없는 법칙의 측면이 아니라, 로봇이 법칙을 지키도록 하는 것이 인류에게 유익하므로 로봇의 제작 단계에서 인공지능에 추가한 명령이라고 생각하면 되겠습니다.

아이작 아시모프(Isaac Asimov)의 '로봇 3원칙'은 다음과 같습니다. 1원칙은 '로봇은 인간에게 해를 입히는 행동을 하거나 인간이 해를 입는 상황에서 아무런 행동도 하지 않아서는 안 된다.'입니다. 인간에게 로봇은 어떤 해를 끼쳐서는 안 되고, 인간이 어떤 해를 입는 상황에서는 로봇은 반드시 인간을 도와주는 행동을 해야 한다는 뜻이 내재 되어 있습니다.

의사결정 자동화에 필요한 윤리적 원칙은?

- **사용되는 원칙들**

로봇 3원칙

- **아이작 아시모프**가 1942년 자신의 소설 [위험에 빠진 로봇]에서 등장하는 '**아이, 로봇**'에게 제시한 도덕원칙
- **로봇**이라면 반드시 지켜야 하는 것
- 로봇의 행동과 관련하여 그 행동을 어떻게 제어할 수 있을까 하는 법으로 로봇을 규제함- 규칙기반 인공지능- 자동시스템
- 지키지 않으면 로봇을 만들 수 없는 법칙이 아니라 지키도록 하는 것이 인류에 유익하므로 로봇의 제작 단계에서 인공지능에 추가한 명령

2원칙은 '로봇은 인간이 내리는 명령에 복종해야 한다. 단, 이런 명령이 원칙1에 위배 될 때는 예외로 한다.'입니다. 인간이 로봇에게 명령을 내리는데 그것이 인간에게 해를 입히는 행동을 하지 않는 것에 위배 될 때는 반드시 이것은 예외로 해야 한다는 것입니다. 당연히 로봇은 인간의 명령을 수행하지만 1원칙에도 있는 것처럼 인간에게 해를 입히게 하는 상황에서는 아무런 행동도 하지 않아서는 안 된다는 두

가지가 충돌되지 않습니까? 그렇기에 아무리 인간의 명령이라 하더라도 인간이 인간에게 해를 끼치는 행동은 해서는 안 된다는 것이 두 번째 원칙으로 들어갑니다.

3원칙은 '로봇은 자신의 존재를 보호해야 한다. 단, 로봇은 자신을 보호하는 것이 원칙이지만 원칙1과 2에 위배 될 때는 예외로 한다.'입니다. 로봇은 자신의 존재를 보호해야 하지만, 인간이 해를 입는 상황에서는 로봇 자신을 보호하는 게 아니라 인간을 먼저 보호해야 한다는 것입니다. 그리고 다른 인간이 내린 명령 자체가 인간을 해친다거나, 그 명령에 반대할 때 자신의 존재를 보호하는 것을 넘어서서 인간을 보호하는 것에 우선적으로 행동해야 한다는 것입니다. 그래서 1과 2의 원칙에 위배 될 때는 예외로 한다는 것이 아시모프의 '로봇 3원칙'입니다.

이러한 아이작 아시모프(Isaac Asimov)의 '로봇 3원칙'은 이후에 아시모프의 1985년 단편소설 <로봇과 제국>에서 0원칙이 추가되어 "로봇 4원칙"이 됩니다. 0 원칙은 '로봇은 인류에 해를 입히는 행동을 하거나, 인간성이 해를 입는 상황에서는 아무런 행동도 하지 않아서는 안 된다'입니다. 이제 로봇에게 1, 2, 3원칙을 넘어서서 기본적 원칙으로 인류에게 해를 입히는 행동을 해서는 안 되고, 또한 인간성에 해를 입히는 상황에서는 로봇이 인간을 위한 행동을 해야 한다는 사항이 추가된 것입니다.

잠시, 그리스 신화의 '헤파이스토스(Hephaestus)'라는 대장장이 신의 일화를 이야기하겠습니다. 헤파이스토스 신은 다른 신들에 비해서 굉장히 바빴습니다. 왜냐하면 그는 뛰어난 기술력을 지닌 대장장이로 신들의 왕 제우스의 번개, 바다의 신 포세이돈의 삼지창, 태양의 신 아폴

론의 악기나 화살, 사랑의 신 에로스의 화살 등 여러 신들이 가지고 있는 무기를 제작하거나 수리하는 경우가 많았습니다.

그러다 보니 아름다운 아프로디테(Aphrodite)를 아내로 두고 있었지만, 일이 너무 많아서 다른 신들처럼 자신의 시간을 즐길 수가 없었습니다. 그래서 헤파이스토스 신은 어느 날 생각을 해봅니다. '왜 나 혼자만 이렇게 바쁠까, 누가 나 대신 일을 하면 좋겠다'라고 생각했습니다. 그러면서 '똑같은 나를 하나 만들면 어떨까'라고 생각하게 되었습니다. 헤파이스토스 신은 자신과 유사한 복제품을 만들었습니다. 초기 복제품은 자신이 명령을 내린 것만 수행할 수 있었습니다. 이는 매우 귀찮은 일이 되었습니다. 그래서 자신과 같은 능력을 지닌 복제 신을 만들면 일을 안 해도 되지 않을까 하는 생각을 하게 되었습니다.

헤파이토스(Hephaestus) 신과 마찬가지로 우리 인간도 많은 사회적 활동과 지적 활동을 대신 하는 '나와 유사한 로봇을 만들면 좋겠다'라고 생각하면서 인공지능 로봇을 만들었습니다. 그것이 아시모프의 소설에서 나오는 '아이, 로봇(I, Robot)'과 같은 형태였습니다. 그런데 이러한 로봇은 규칙을 제공해 주어야 하고 규칙에 따른 결과만 도출하다 보니까 인간으로 비교해 보면 열 살짜리 아이 정도가 됩니다. 이 로봇은 단순한 일은 할 수가 있지만, 세밀한 일을 해야 할 경우는 계속 규칙을 제공해 주어야 하고, 결과물에 대한 것을 관리해야 되기에 피곤한 겁니다. 그래서 나 정도의 능력 또는 나를 능가하는 능력을 지닌 로봇을 희망하게 됩니다. 이것이 자동 시스템 로봇이 아니라 스스로 의사결정을 할 수 있는 로봇이 나올 수밖에 없는 배경이 되었습니다.

오늘날 인공지능은 자율성이나 자아가 없는 이전의 인공지능이 아니라 인간의 개입 없이 스스로 판단하여서 의사결정을 할 수 있는 자율

시스템을 지닌 인공지능입니다. 인공지능이 발전되어서 로봇 스스로가 의사결정을 했을 때 필요한 윤리적 원칙의 발전을 수반하게 됩니다.

인간은 인공지능에 대해 여러 가지 법적 의무를 부여할 필요가 생겼습니다. 로봇의 행동에 대한 법적 책임을 부여할 때 "나를 대신했다고 해야 하나?" 이런 생각하게 됩니다. 그리고 인공지능에게 법적 책임을 부여하기 어렵게 될 경우를 생각해서 우리는 로봇에게 법적 책임을 부여해야 한다는 논의를 시작하게 되었습니다.

따라서 우리는 도덕적으로 유능한 인공지능을 만들어야 한다고 생각하게 되었고, 나를 대신해서 스스로 의사결정을 하게 된다면 그 법적 책임을 어디까지 두어야 하는지에 대해 고민할 수밖에 없게 된 것입니다. 그래서 그 기준을 어떻게 만들까 생각해 보니 '로봇 3원칙'과 '로봇 4원칙'의 적용만으로는 부족한 겁니다. 그래서 우리 인류에게 보편적으로 적용되고 있는 도덕적 기준을 적용하려는 다양한 시도를 하게 되었습니다.

공리주의	'인간의 복지나 행복을 우선으로 한다'는 원칙을 인공지능 로봇설계에 이용하거나 인공지능 소프트웨어의 판단기준으로 삼는다고 해도 사회에서 상호경쟁 혹은 갈등관계에 있는 이익집단들은 '복지'나 '행복'에 대해 다른 해석을 내릴 수 밖에 없음

'최대 다수의 최대 행복'이란 공리주의를 로봇의 자율 의사결정에 적용하기 위한 시도입니다. 로봇이 인류의 최대 다수의 최대 행복을 위해 행동할 때 어떤 기준을 적용해야 할 것인가? 인공지능의 행동은 인간의 복지나 행복을 우선으로 한다는 원칙에 맞도록 행동하도록 설계해야 한다는 겁니다.

그러나 인간의 복지나 행복을 우선으로 한다는 원칙을 인공지능 로봇설계 단계에서부터 적용할 때 곤란한 문제가 발생합니다. 인간의 복지나 행복을 위하여 행동한다고 설계할 때 인간의 복지와 행복의 기준이 같지 않다는 것입니다. 여러분 부모님의 행복 기준과 여러분의 행복 기준이 같지 않은 것처럼 사람들 간의 복지 기준도 같지 않기 때문입니다. 가까운 주변에서부터 우리 문화권을 넘어서서 타 문화권에서의 복지와 행복의 기준이 다 다르다는 문제가 나타납니다.

그러면 인간이 아닌 로봇에게 인공지능의 기본적 자료인 행복과 복지의 데이터 자료를 넣을 때 아무래도 지역이나 문화권 또는 설계자에 따라서 다르게, 데이터가 들어갈 수밖에 없습니다. 즉, 복지나 행복이라는 데이터에 대한 명확한 기준을 만들게 되는데 우리는 그 기준을 어떻게 정할 것인가에 대해 심각하게 고민할 수밖에 없게 됩니다.

의무론　　　　'타인을 해치지 말라'는 원칙 또한 구체적 상황에서의 합의는 어려움 (트롤리 딜레마, 인도교 딜레마)

공리주의 외에도 보편적 도덕적 기준인 의무론을 로봇의 자율 의사결정 기준에 적용하는 것도 마찬가지입니다. 의무론에선 '타인을 해치지 말라'라는 게 가장 기본적 원칙입니다. '누군가를 살인하거나, 살생하지 말라'는 것은 모든 문화권에서 가장 보편적 윤리이지만 이러한 원칙 역시 구체적 상황에서 적용될 때 합의가 어려울 때가 있습니다. 법적으로 가장 많이 적용되는 것이 '정당방위'입니다. 누군가가 나를 죽이려고 내 목에 칼을 대고 있고, 그러한 상황에서 자신의 구조를 위해 상대에게 대응하다가 상대가 죽었다면 우리는 이런 행위를 '정당방위'라고 하며, '살인'이라고 하지 않습니다.

그럼, 정당방위의 기준을 어디 선까지 정하느냐, 이것도 문화권과 법적 체계에 따라 다릅니다. '정당방위'를 넘어서서 '최대 다수 최대 행복'이라는 공리주의와 의무론을 합쳐서 생각할 수 있는 사례로 '다수를 위해서 소수 또는 1인이 희생하는 것' 우리는 이런 선택을 한 사람을 '의인'이라고 이야기합니다. 예를 들어서 지하철 붕괴 사고가 일어났을 때, 사람들을 구하다가 본인이 죽었다든지, 불이 난 화재 현장에서 소방관이 많은 사람을 구출하다가 죽었다든지 이럴 때 우리는 그 사람을 '의인'이라고 이야기합니다. 그러면 다수를 위해서 소수가 희생되는 것, 그리고 또 그 사람이 분명히 죽을 걸 알면서도 그러한 상황에 직접 뛰어 들어가는 것을 방관하고 있다는 것은 그것도 사람을 해치는 일이라고 이야기할 수는 없겠지만 그렇게 표현할 수도 있지 않겠습니까? 이러한 경우에도 실제로 '타인을 해치지 말라'는 원칙이 참 모호할 수가 있습니다.

예를 들어서 체르노빌이나, 후쿠시마 원전의 붕괴와 같은 사고에서 다수의 방사능 피해를 예방하기 위해 소방관들이 목숨을 바쳐 사고 수습 활동을 할 때, 그 명령을 내릴 수밖에 없었던 지휘관은 다수를 위해서 소수를 희생하는 명령을 내렸다지만 타인을 해치는 행동을 했다고 할 수는 없습니다. 왜냐하면 스스로 희생될 것을 알고 했던 행동이기 때문입니다.

이런 측면에서 '트롤리 딜레마(Trolley dilemma)'와 '인도교 딜레마(Footbridge dilemma)'를 이야기할 수 있습니다. 즉 우리가 도덕적으로 유능한 인공지능과 그 기준을 만들고자 한다면 '로봇 3원칙'이라든지, '공리주의'라든지, 의무론 등의 원칙을 그대로 적용할 수 있는 상황이 있겠지만 이 원칙들이 일상생활에서 복잡하게 얽히게 되면 적용에서 문제점이 나타날 수밖에 없습니다. 이러한 예측할 수 없는 문제상황에 대한 알고리즘을 만드는 것은 인간의 주관적 의지에 따라 차이가 있을 수밖에 없을 겁니다. 인간과 달리 로봇에게는 당연히 데이터가 내재된 알고리즘을 만들어야 하기 때문입니다. 또한 이에 대한 법적 기준과 책임을 어떻게 둘 것인지가 큰 고민이 될 수밖에 없습니다.

유럽에서는 이제 로봇에게 '전자 인격체'라는 것을 부여 해야 한다고 생각하게 된 겁니다. 유럽연합의회에서는 인공지능이나 로봇이 피해나 사고를 미리 예방하거나 또, 공리주의 또는 의무론이 위배되는 어쩔 수 없는 상황에서 행동을 취하는 법적 기준과 책임을 명확히 마련해야한다고 생각하게 된 겁니다.

로봇은 전자 인격체인가?

전자인격 (electronic person)

- 유럽연합의회는 인공지능이나 로봇이 피해나 사고를 야기할 경우 처리할 수 있는 법안이 현재 없으므로 법적 기틀을 마련할 필요를 논의했고, 2017년 2월 인공지능 로봇에게 전자 인격 (electronic person)이란 법적 지위를 부여하고자 하였다.
- 자율결정과 제 3자와의 상호작용이 가능하기 때문
- 전자인격이란 로봇에게 인간과 동등한 의미의 법적 지위를 부여하는 것이 아니다. 인간의 지능을 넘어서는 인공지능에 대항해 '로봇이 인간에 도움을 주는' 종속적 지위에 있다는 점을 분명히 하기 위함이다.
- 예시) 동물을 학대하면 안된다는 생각에 동물에게 '도덕적 객체'의 지위를 부여하는 것처럼, 인공지능에게 '도덕적 인격'이 아닌 '법적인격'에 초점을 둔 것

'전자인격(electronic person)'이라는 용어를 쓰면서 스스로 의사결정을 하고, 행동을 취할 수 있는 로봇에게 법적 지위를 부여한다고 논의하게 된 것입니다. 그 이유는 우리가 지금 개발하고자 하고 개발 단계에 들어서 있는 로봇은 자율 결정뿐만 아니라 제 3자와 상호작용이 가능하기 때문입니다. 그래서 로봇에게 인간과 동등한 의미의 전자인격이라는 법적 지위를 부여할 것인지, 아닌지에 대해 고민하게 됩니다. 인간의 지능을 넘어서는 인공지능에 대항해서 로봇이 인간에게 도움을 주는 종속적 지위에 있다는 점을 분명히 하기 위해서 '전자인격'이라

는 용어가 나오게 된 것입니다.

'전자인격(electronic person)'은 인간(Human)의 인격이 아닌 퍼슨(person)의 인격으로 법적 인격만이 부여된 것입니다. 인간은 도덕적 인격을 동시에 가지고 있지만, 로봇은 도덕적 인격이 아니라 법적 인격만을 가진다는 겁니다. 예를 들어 동물을 학대하면 안 된다는 법을 세계 각국의 많은 국가에서 시행하고 있고 우리나라도 시행하고 있습니다. 이는 우리가 동물에게 도덕적 주체의 권리를 주는 것이 아니라 동물에게도 도덕적 객체라는 지위를 준 것입니다. 동물도 고통을 느낀다는 것이 인지된 것입니다. 이전 세대의 사람들은 동물은 고통을 느끼는 존재라고 생각하지 않았습니다. 그래서 그때는 도덕적 객체가 아니라 물건적인 개념이었습니다. 도덕적 객체의 지위를 부여한다는 것은 일정 정도의 아픔을 느낄 수 있다는 것을 인정하는 정도입니다. 인간이 도덕적 주체이자 객체라면 동물에게는 도덕적 객체라는 지위가 부여되었다고 생각하면 되겠습니다.

유럽에서 부여한 로봇의 '전자인격(electronic person)'은 인공지능에게 도덕적 인격이 아니라 법적 인격을 부여한다는 것입니다. '로봇은 법적 인격으로서 의사결정에 대해 책임을 지닌다.'라고 생각하면 됩니다. 그래서 인간과 로봇을 소유하고 있는 그 로봇의 소유권자에 대한 법적 책임과 로봇 자체에 책임을 동시에 두기 위해서 '전자인격'을 만들었다고 생각하면 됩니다.

의사결정 자동화와 윤리적 원칙에서 의무론을 설명하면서 인공지능의 데이터를 통해 알고리즘을 만들 때 문제점은 살인하지 말라는 기준을 어떻게 정하느냐라는 것이었습니다.

첫 번째로 정당방위의 영역에서 나타나는 대표적 사례로 트롤리 딜레마를 논하겠습니다. 트롤리 딜레마는 특정 교통상황에 직면하는 딜레마입니다. 다시 말하면 위급한 상황에서 누구를 살릴 것인가라는 주제입니다.

트롤리 딜레마 (Trolley dilemma)

- 트롤리 딜레마(Trolley dilemma)는 특정 교통 상황에서 직면하는 딜레마이다.
- '위급한 상황에서 누구를 살릴 것인가'
- 기차 대신 큰 상해나 죽음을 야기할 만한 동물이나 위험물로 대체해서 생가해도 가능하다.
- 1967년 영국의 윤리철학자 Philippa Foot가 처음 제시함
- 1976년 Thompson은 <Killing, Letting Die and Trolley problem> 으로 트롤리 딜레마를 변형하여 의사결정을 내리는 주체가 트롤리 밖에 서있는 제3자가 아니라 트롤리를 운전하는 사람으로 기술된다.

다섯 사람을 구하기 위해서 한 사람을 죽이는 것이 도덕적으로 허용가능한가?

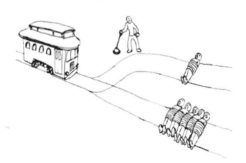

정차기능이 고장난 트롤리
한 선로에는 다섯사람이 서있다.
다른 선로에는 한사람이 서있다.
당신은 선로밖에 서있고 선로
변환기를 당길 수 있다.
다섯사람을 구하기 위해서 선로
변환기를 당기게 되면 한사람은
죽게 된다.

트롤리 즉, 기차 외에도 유럽의 경우 트램일 수도 있습니다. 트롤리 딜레마는 기차든, 트램이든 인간에게 큰 상해나 죽음을 초래할 동물이나 또 위험물로 대체해도 상관은 없습니다. 트롤리 딜레마는 1967년 영국의 윤리 철학자인 필리파 풋(Philippa Ruth Foot)이 처음으로 제시했던 내용으로 1976년에 자비스 톰슨(Jarvis Judith Thompson)에

의해서 좀 더 변형되어서 의사결정을 내리는 주체가 트롤리 밖에 있을 때 제3자가 아니라 트롤리를 운전하는 사람으로 기술되기도 합니다.

예시적 상황으로, 지금 정지 기능이 고장 난 기차가 지나가고 있습니다. 그리고 앞에 두 개의 선로가 있습니다. 한 선로에는 다섯 명의 사람이 있고, 또 한 선로에는 한 명의 사람이 있습니다. 그리고 여러분은 제3자로 트롤리의 선로를 바꿀 수 있는 사람입니다. 그러면 여러분은 어떤 선택을 해야 할까요? 기차를 한 사람이 있는 선로로 옮길 것입니까? 다섯 사람이 있는 선로로 옮길 것입니까? 어쨌든 사람이 죽을 수밖에 없는 상황입니다. 그러면 다섯 사람을 구하기 위해서 한 사람을 죽이는 것, 그것이 도덕적으로 허용 가능한가에 대한 의문이 1967년에 나왔던 트롤리 딜레마였습니다. 1976년에 톰슨(Thompson)이 이야기했던 트롤리 딜레마는 정차 기능이 고장 난 트롤리의 기관사가 선로를 선택하는 자가 됩니다. 차를 운행한 사람이 선로를 선택할 수 있는 상황에 직면하게 되고 어쩔 수 없는 상황이라면 한 사람, 소수를 희생하고 다섯 명을 살리는 방안을 선택하는 경우가 대다수입니다. 그러나 만약 희생되어야 할 자신의 가족이라면 어떻게 하겠습니까?

굉장히 고민되시죠? 실제로 이와 유사한 사례가 체코슬로바키아에 있었고 2013년 <Most>라는 단편 영화로 제작되기도 했습니다. 그 영화의 주인공인 역무원은 선로에 있는 아들 한 명을 살릴 것인가? 기차 안에 있던 다수의 사람을 살릴 것인가의 상황에 직면합니다. 아버지는 고통스럽게 아들의 희생을 통해서 다수를 살리는 선택을 했지만, 만약에 여러분이 선택해야 한다면 주인공 아버지와 같은 선택을 하기가 참 어려울 것입니다. 로봇은 이러한 상황에 직면할 때, 인간의 감정이 아니라 이미 만들어진 알고리즘에 의해서 선택하게 됩니다.

인도교 딜레마 (Footbridge dilemma)

만약 내가 직접 사람을 밀어야 한다면?

트롤리 딜레마(trolley dilemma) 중에는 인도교 딜레마(footbridge dilemma)가 있습니다. 선로를 바꾸는 게 아니라 정차 기능이 고장 난 기차가 지나가고 있습니다. 다수의 사람을 살리기 위해서 선로를 봉쇄시켜야 하는 상황에서 여러분의 앞에 100kg정도 되는 사람이 있습니다. 이 사람을 밀어 선로로 추락시키면 앞에 있는 다섯 명의 사람을 구할 수 있습니다. 나는 이 사람을 전혀 알지는 못합니다. 이 사람을 밀어서 5명을 구하는 선택을 하는 게 정당한 것일까요? 이럴 때 여러분의 살인은 정당화되는 걸까요?

앞에 제시된 트롤리 딜레마는 제 3자의 입장에서 그냥 선로만 바꾸는 선택입니다. 여러분은 직접 살인하지 않았고 선로만을 바꾼 행만을 했습니다. 실제로 살인은 누가 한 것이죠? 정차 기능이 고장 난 트롤리였습니다. 그런데 인도교 딜레마는 많은 사람을 살리기 위해 직접적으로 살인을 해야 한다는 것입니다. 그런 상황에 직면하면 어떻게 행동해야 해야 할까요?

이들 딜레마에 대해 많은 조사 연구가 있었습니다. 상당히 많은 이견이 있었지만, 대부분 트롤리 딜레마를 이야기할 때, 소수를 희생해서 다수를 살리는 것에 대해 상당히 많은 사람들의 동의가 나타났습니다.

반면, '다수를 위해서 소수를 희생하는 것은 괜찮아'라고 이야기하는 데도 불구하고 인도교 딜레마를 이야기할 때는 많은 이견이 나왔습니다. 사람을 직접 죽여야 한다는 부분에서 다수를 살리기 위해서 한 사람을 죽이는 것은 똑같은 공통점인데도 불구하고 도덕적으로 허용 불가능하다는 의견을 내는 사람들이 더 많았습니다.

만약 당신에게 인도교 딜레마 상황에 놓이게 하고 "당신이 밀어!" 이렇게 이야기하면, "나 못해! 나 못 할 거야!"라는 응답이 많이 나오게 됩니다. 그 이유는 칸트의 '이성모형'을 통해 설명할 수 있습니다.

이성모형(Reason Model)

두 사례가 다섯 사람을 구하기 위해 한 사람을 죽이는 내용은 공통점인데도 불구하고 트롤리 딜레마는 도덕적으로 허용 가능한 것으로, 인도교 딜레마는 허용 불가능한 것으로 보는 경우가 많다.
이는 칸트적인 도덕원리에 의거하여 설명할 수 있는데
"사람은 단지 수단만이 아니라 항시 동시에 목적으로 취급해야 한다."
인도교 딜레마가 도덕적으로 허용 불가능한 이유는 인도교 위의 사람을 밀치는 행위는 그 사람을 수단으로 생각하기 때문이다.

칸트는 도덕 윤리에 대해서 이성 철학, 실천 철학을 통해 목적론적인 도덕윤리를 설파한 철학자입니다. 칸트의 '이성모형'을 본다면 우리 인간은 단지 수단만이 아니라, 동시에 목적으로 취급해야 하고, 인간을 살리기 위해서 인간을 죽이는 것은 부당하다고 이야기합니다. 그래서 인도교 딜레마가 도덕적으로 허용 불가능하고 사람들에게 잘 받아들여지지 못한 것은 인도교 위의 사람을 밀치는 행위 자체가 그 사람을 수단으로 생각했다는 것이기 때문입니다. 소수의 사람도 하나의 목적이기에 이 사람 자체를 목적이 아닌 수단으로 생각해서 다수를 살리는 그 행위 자체를 우리의 도덕률로는 용납이 안 된다는 것입니다.

이러한 이유로 두 딜레마에 대한 반응 차이가 나타나지만, 숫자의 차이를 적용했을 때는 두 딜레마에 대한 반응도가 유사할 수 있습니다. 만약 살려야 하는 인원이 5명에 대한 1명이 아닌 100명에 대한 1명이라고 한다든지, 1000명에 대한 1명이라고 한다면 인도교 딜레마 상황이더라도 다르게 고민이 될 것입니다. 그러면 이러한 부분에 대해서도 알고리즘을 만들어서 인공지능에 투입하더라도 어려움은 또 있습니다. 어느 단계에서 인도교 딜레마를 수용하게 할 것인가? 100명과 1000명이라는 기준을 어떻게 만들 것인가? 예를 들어서 999명과 1000명이라면 인간에겐 숫자는 큰 차이없이 판단이 되겠지만 로봇은 다릅니다. 999와 1000의 차이가 정말 종이 한 장 차이이지만 인공지능의 판단에서는 난해할 수 있습니다. 이러한 부분에 대해서도 알고리즘을 만들어야 하기에 의사결정 자동화에 따른 디지털 윤리의 원칙을 만든다는 것은 많은 상황을 고려함과 동시에 기술적으로도 복잡한 과정을 거쳐야 합니다.

인공지능 윤리는 기존의 과학기술 윤리와 어떠한 차이가 있을까요?

첫 번째, 현재 인공지능 시스템을 사용하는 로봇은 더 이상 이제 단순 기계가 아닙니다. 데이터에 부여된 규칙에 따라 행동하는 자동 시스템적인 로봇이 아니라는 것입니다. 의사결정을 스스로 하는 자율시스템을 지향하고 있고 그러한 단계가 점차 발전하고 있기에 과학기술 윤리와는 다르게 사전에 제작해야 한다는 것입니다.

인공지능 윤리를 사전에 해결하지 않으면, 사후에 우리가 자율적으로 딜레마를 해결할 수 없기 때문입니다. 단순 기계는 주어진 규칙에 따라서 적용되지만, 인공지능은 사전에 어느 정도의 데이터를 가지고 그 데이터에 따른 알고리즘을 만들지 않는 이상은 분명히 문제가 발생할 수밖에 없기에 이 문제를 해결하지 않는 이상은 인공지능 자체를 개발하는 것에 문제가 발생할 수밖에 없습니다. 따라서 인공지능이 장착된 로봇 또는 시스템은 데이터로부터 규칙이나 패턴을 미리 파악해야 한다는 것입니다. 우리가 보편적으로 생각하고 있는 공리주의나 의무론 등에 위배되지 않고 슬기롭게 해결해 나갈 수 있도록 투입할 데이터의 질과 양을 정하고 인공지능이 학습할 규칙과 알고리즘의 범위를 예측해서 문제가 생길 알고리즘에 대한 제어 방향도 미리 만들어 놔야 한다는 것입니다.

현대의 인공지능은 과거의 예측 가능한 모형 대신에 복잡한 신경 네트워크를 사용하고 있기에 인공지능 알고리즘의 실제 설계부터 인공지능의 특정 의사결정을 우리가 알 수 없습니다. 일정 정도의 데이터 편향이 일어날 가능성이 크며, 설계나 제작, 응용 단계에서도 인공지능의 의사 결정 과정을 투명하게 알 수는 없습니다. 따라서 인공지능이 지닌 특성으로 인해 이런 부분을 해결해 나가는 것이 우리의 기술적인 문제고, 법적 문제이며, 윤리적 문제가 될 수밖에 없다는 것입니다.

규칙 기반 인공지능의 자동 시스템에서 신경망 기반의 딥러닝 인공지능 시스템으로의 전환은 인간이 인간에게 기대하는 도덕적 판단을 예상하듯이 인간과 유사하게 도덕적 판단이 가능한 인공지능 로봇을 개발하기 위한 디지털 윤리의 개발 역시 주요 과제가 되는 이유입니다.

3. 인공지능 윤리헌장

　인공지능 윤리는 기존의 과학기술 윤리와는 차이가 있습니다. 인공지능시스템의 로봇은 더 이상 단순한 기계가 아니고 스스로 의사결정하는 자율시스템이기 때문입니다. 주어진 규칙을 적용하는 단순 기계와는 달리 인공지능은 상황에 따라 스스로 판단하여 규칙을 만들어 내고, 행동을 이끌어 갈 때 기준이 되는 인공지능 윤리에서는 인간의 도덕윤리와 사회의 보편윤리 중 어떤 도덕적 윤리가 선택될지 중요한 문제가 되고 있습니다.

　인공지능의 자율적 판단 기능 때문에 오늘날 인공지능의 오작동이나 악용 방지를 위한 윤리적 노력이 필요하다는 논리들이 많이 나오고 있습니다. 대표적인 사례는 인공지능과 관련하여 자율주행 자동차를 개발 중인 일론 머스크(Elon Reeve Musk)의 테슬라가 대표적 기업이라고 할 수 있습니다. 일론 머스크는 전기차나 화성 이주 등 혁신적인 미래 기술 개발에 관심이 있는 기업가입니다. 따라서 그는 이러한 어떤 혁신적인 개발 과정에서 인공지능이 가지고 있는 특수성을 가장 잘 이해하고 있는 인물이기도 합니다. 그런 측면에서 인공지능의 오작동이나 악용이 얼마나 우리 사회에 큰 문제를 발생시킬 수 있는지를 자각했다고 할 수도 있습니다.

이러한 이유로 인해서 2017년 데미스 허사비스(Demis Hassabis)와 함께 일론 머스크(Elon Musk)는 '아실로마 인공지능원칙(Asilomar AI Principles)'을 발표하게 됩니다. 또한 그와 함께 국제전기전자기술자협회(Institute of Electrical and Electronics Engineers: 이후 IEEE)와 유럽 의회 등에서도 윤리적인 인공지능 시스템의 개발을 위한 지침서와 초안을 출판하며 윤리적 인공지능 시스템 개발을 위한 설계 지침과 인공지능 윤리지침을 개발하기도 합니다.

인공지능은 이미 전 세계 사람들이 매일 사용하고 있는 유용한 도구들에서 사용되고 있습니다. 일상적인 생활에서 살펴볼 때, 항상 사람이 음식물을 가져다주던 식당에서 인공지능 로봇으로 대체된 종업원(자율이동 캐리어)이 여러분에게 음식물을 배달하는 경우를 종종 볼 수 있습니다. 예시로 제가 학생들을 데리고 창원의 LG전자의 공장을 2003년, 2008년, 2014년 3회 견학한 적이 있었습니다. 2003년~2010년까지만 해도 창원 LG 전자공장에서 우리가 잘 알고 있는 가전제품들을 만드는 데에 상당히 많은 공장직원을 만날 수 있었습니다. 2014년에 방문했을 때 놀라운 변화가 발견되었습니다. 창원공장 내의 직원이 거의 없고 대부분 로봇으로 대체되어 제품을 만들고, 옮기고, 관리하고 있었으며, 몇몇 직원만이 공장 전체를 총괄하고 있는 것을 볼 수가 있었습니다. 점차, 우리의 일상생활에서 인공지능이 탑재된 물품이 널리 퍼져

가면서 앞으로 수십 년 뒤에 인공지능이 보편화된 세상에서 나타날 윤리적인 문제들을 깊이 있게 생각할 수밖에 없게 되었습니다.

인공지능 연구에서 주목받고 있는 것은 인간에게 유용하고 이로운 혜택을 주는 인공지능을 개발하자는 것입니다. 인공지능이 인간에게 유용하고 이로운 혜택을 주기 위해서는 연구비를 지원할 때 어떤 관점을 먼저 가져야 될까요? 인공지능 시스템을 만들 때는 우리가 원하는 작업들 실제로 인간에게 유리한 작업들을 선택할 수 있도록 인공지능을 개발해야 한다는 것을 원칙으로 둔다는 것입니다.

앞장에서 에스토니아의 인공 판사 사례를 든 것처럼 미국도 범죄자들의 기록과 특정 범죄자의 정보를 빅데이터로 분석한 컴파스(COMPAS)를 통해서 범죄자의 '재범 가능성'을 예측합니다. 이에 인공지능과 관련되는 위험들을 통제하기 위해서 실질적인 법률 시스템을 개선한다면 어떻게 도덕성을 효율적으로 구현할 것인가가 연구 이슈에 포함되고 있습니다. 또한 인공지능은 어떤 도덕적 가치를 갖추어야 할 것인가? '로봇 3-4 원칙'을 포함하여, 공리주의와 의무론을 어떻게 인공지능 윤리에 적용할 것인가 등을 연구하고 있습니다.

대표적으로 '아실로마 인공지능 원칙'은 과학 정책과 연결할 때, 인공지능 연구자와 정책 입안자 간에 사실은 건전하고 건설적인 교류가 반드시 있어야 한다는 걸 강조합니다. 입안자의 경우에는 인공지능의 기술적인 데이터가 어떻게 적용되는지를 명확하게 알지 못하기 때문입니다. 그런 측면에서 과학자와 정책 입안자 간의 건전한 교류가 있어야 한다는 것을 적시하고 있습니다.

인공지능 연구자와 개발자 간의 협력과 신뢰가 바탕이 된 투명한 관계가 조성되어야 한다는 것입니다. 인공지능의 개발팀들이 안전기준을 철저히 지키기 위해서는 현실적으로 부실한 개발을 피할 수 있도록 적극적으로 협력이 동반되어야 합니다. 실제로 경쟁업체와의 관계 때문에 안전기준을 지키지 못하고 조급하게 만들게 되는 상황이 도래할 수도 있습니다.

인공지능 시스템에서 실질적으로 가장 중요한 건 안전입니다. 인공지능의 자율적 판단 및 적용에서 안전의 적용이 실현가능 하도록 구현하고, 이를 검증할 수 있어야 합니다. 인공지능 시스템도 손상이 발생할 수 있습니다. 그러면 왜 손상이 일어났는지, 자체의 문제인지 등을 확인할 수 있어야 합니다. 장애 투명성뿐만 아니라 사법적 투명성이 필요합니다. 에스토니아의 경우 7000유로(한화 910만원) 이하의 소액 재판에 대해 인공지능 판사가 결정하는 엑스로드(X-Road) 시스템의 적용에서 인권에 대한 부분을 얼마나 담보하고 있는지 국제 사법기관이나 NGO 단체 등에서 감시를 요청할 경우, 사법적으로 정당하고 투명하다는 설명이 제공됩니다.

또한, 인공지능 시스템의 설계자나 개발자들은 이해 관계자이기 때문에 일정 정도의 책임성을 부여해야 한다는 논리가 포함되어 있습니다. 실제로 고급 인공지능 시스템의 디자이너나 설계자의 경우 인공지능의 판단 오용이나 행동의 도덕적인 영향에 대한 영향력과 책임을 회피하려고 하는 경향이 있습니다.

인공지능시스템의 자율적 학습과 판단은 인간의 역사 속에 보편화된 도덕적 가치관과 일치하도록 설계되어야 합니다. 문화적 특수성이나 개별적 특수성도 있겠지만 인류의 보편적 도덕적 가치관 안에서 설계되어야 합니다. 인간의 보편적 가치에서 가장 기본적인 권리는 인간의 존엄성입니다. 인간의 존엄성을 기반으로 한 문화적인 다양성과 특수성에 따른 적합한 데이터가 적용되어야 합니다.

또한, 사람들이 생산한, 데이터를 액세스하고, 관리 통제할 수 있는 권리를 가질 때, 개인정보 보호라는 기본권에 대한 예외조항과 법적 규제가 매우 명확해야 한다는 것입니다. 자신이 생산한 데이터를 액세스할 때, 타인이 내가 만든 데이터에 접속하는 것을 통제할 수 있는 것과 나의 데이터를 관리할 수 있는 권리를 가져야 한다는 것도 포함되고 있습니다.

인공지능 시스템 자체는 개인의 자유와 개인의 정보와 관련된 부분을 부당하게 축소하거나, 또 부당하게 오용해서는 안 되는 의무를 지니고 있습니다. 인공지능 기술에는 최대 다수의 최대 행복을 만들어 주는 공동이익의 특성과 많은 사람에게 경제적 번영과 혜택을 주는 효율성이 있어야 합니다. 아실로마 인공지능 원칙에서 인간의 통제는 인간이 선택한 목표를 달성하기 위해서 의사결정을 할 때, 인공지능 시스템에 위임하는 방법과 여부를 인간이 선택하는 것입니다.

트롤리 딜레마나 인도교 딜레마의 경우 인간이 선택한 목표를 달성할 때, 의사결정에서 예외적인 상황에 대해서 어떻게 어느 정도 인공지능 시스템을 통제해야 되는지, 어느 정도까지 인공지능이 자율적으로 결정할지를 우리가 선택하며 이 부분에 인간의 의도가 들어가야 합니다. 마찬가지로 인공지능 시스템은 인간이 건강한 사회를 지향하도록 하며, 사회적 시정 과정이 파괴적인 것이 아니라 인간 사회를 발전시키는 쪽으로 개선돼야 한다는 겁니다.

그러기 위해서는 인공지능 시스템을 제작하는 과정에 논란이 있을 수 있는 여타의 윤리적 문제들을 해결해야 합니다. 살상용 인공지능의 개발을 허용할 것인가? 예를 들어 인간이 전쟁하는 대신에 '킬러로봇'

같은 인공지능 무기를 지양해야 한다는 것도 인공지능 원칙에서 강조되고 있습니다.

인공지능의 능력에 대해서도 고려해야 할 점은 인공지능 능력의 상한치를 어디까지 둘지에 대한 것입니다. 소설 등에서 가끔 회자되는 '기계가 인간을 지배하는 사회'의 도래의 예방입니다. 어떤 소설은 초지능으로 발달한 인공지능 로봇에 의해서 인간 사회가 통제되고 핍박받는 비참한 미래를 예견하기도 합니다. 인간 사회의 모든 부분이 인공지능 로봇에게 통제되고 조종당하는 사회에서 핍박받는 인간들의 암울한 미래를 예측하는 사람들은 인공지능의 개발을 제한할 것을 주장하기도 합니다.

인공지능의 능력에 대한 관리를 동의하는 것이 인공지능 개발 제한으로 귀결되진 않지만, 우리는 인공지능 시스템이 초래하는 위험을 예방하기 위한 노력을 동시에 기울여야 한다는 점에 동의합니다. 인공지능은 스스로의 학습 기능을 통해서 무한으로 발전할 수 있는 특징을 가지고 있고, 우리의 기술 개발은 끝없이 발전하고 있기에 그런 위험들을 미리 사전에 살펴봐야 한다는 것이 아실로마 인공지능 원칙의 장기적 이슈 중의 하나입니다.

그리고 인공지능 시스템은 자기 개선을 향해서 계속적으로 개선해 나가는 시스템이기에 우리가 자아비판 하듯이 인공지능 시스템 자체도 엄격한 자기 안전 및 통제 조치를 받습니다. 이러한 인공지능 시스템의 자체 통제는 '공동의 선'이라고 하는 인류 전체의 윤리적인 이상과 이익을 위해서 개발되어야 한다는 특징을 가지고 있다.

'아실로마 인공지능 원칙'은 가장 기초적인 인공지능 개발의 단계에서 지켜야 할 단기 이슈, 장기 이슈, 연구의 특징에 대한 것입니다.

세계 각국에서도 인류 차원에서 인공지능의 안전을 확보하고 인공지능이 인류의 행복과 편리를 위한 도구로 사용될 수 있도록 인공지능에 대한 윤리적 원칙들이 나타나고 있습니다. 한국도 2019년 10월 23일 한국인공지능윤리협회(Korea Artificial Intelligence Ethics Association)에서 제5장 제 37조로 구성된 '인공지능 윤리헌장'을 제정 및 공포하였습니다. 한국의 '인공지능 윤리헌장'은 각국의 정부, 기업, 단체, 개인에게 적용되는 공통된 기준을 따르고 있습니다. 인공지능 윤리헌장의 서문은 다음과 같습니다.

인공지능 윤리헌장 (The AI Ethics Charter)

서문

따라서 우리는 인공지능의 역작용과 위험성을 인지하고
그에 대응하는 방안을 모색하며 실천하는 것이 무엇보다 필요.

인공지능 기술은 인공지능 윤리와 함께 나아갈 때 안전한 이용이 담보될 수 있으며,
우리는 인공지능의 안전과 윤리 문제를 해결해 나가면서 인공지능 기술을 발전시켜야함.
이러한 시점에서 본 헌장은 전 세계와 인류 차원에서 인공지능의 안전을 확보하고
인공지능이 인류의 행복과 편리를 위한 도구로 사용될 수 있도록
다음과 같은 원칙을 각국의 정부, 기업, 단체, 개인에게 적용되는 공통된 기준으로
공포하고자 함.

현재 우리는 인류 전체의 역사를 비추어 가장 급변하는 시기에 서 있다. 기술이 급격히 발달하면서 인류의 사회, 경제, 문화, 생활환경 등에 커다란 변화가 발생한다. 그 중심에 인공지능 기술이 있으며, 이미 인공지능 기술은 우리 생활에 깊숙이 자리를 잡고 있습니다. 하지만 인공지능 기술은 여타 기술들과 달리 인류에 미치는 영향력과 파급력이 막대합니다.

지금까지 불가능하다고 여겨졌던 많은 일들이 인공지능 기술에 의해

실현되고 있으며, 인공지능 기술은 사용의 목적과 방법을 달리할 때, 인간과 지구환경, 생태계에 심각한 피해를 초래할 수 있습니다. 현재까지 인공지능이 인간의 통제하에 있지만 가속화되는 기술의 발달은 인공지능이 인간의 통제를 벗어날 수 있다는 우려를 낳습니다.

따라서 우리는 인공지능의 역작용과 위험성을 인지하고 그에 대응하는 방안을 모색하며 실천하는 것이 무엇보다 필요합니다. 인공지능 기술은 인공지능 윤리와 함께 나아갈 때 안전한 이용이 담보될 수 있으며, 우리는 인공지능의 안전과 윤리 문제를 해결해 나가면서 인공지능 기술을 발전시켜야 합니다.

인공지능 윤리헌장 제1장은 인간과 인공지능의 관계에 대한 설명으로 7가지 원칙이 있습니다.

원칙

제 1장 인간과 인공지능의 관계
제1조. 인공지능은 인간을 편리하고 행복하게 하기 위한 도구
제2조. 인공지능은 인간의 존엄성과 인류 보편의 가치를 존중해야 함
제3조. 인공지능은 인간에게 절대 해를 끼쳐서는 안됨
제4조. 인공지능은 인간의 통제 하에 만들어지고 사용되어야 함
제5조. 인공지능은 인간의 선한 본성을 추구해야 함
제6조. 인공지능은 인간과 동등한 수준의 의사결정 권한, 특히 옳고 그름의 판단권한을 가질 수 없음
제7조. 인공지능의 어떤 의사결정도 인간에 의해 수정되거나 취소될 수 있음

제1장 제1조는 '인공지능은 인간을 편리하고 행복하게 하기 위한 도구'라는 측면입니다. 마찬가지로 이러한 편리한 도구라는 측면에서 인공지능은 인간의 존엄성과 인류 보편의 가치를 존중해야 한다는 원칙을 가지고 있습니다. 인간에게 인공지능은 절대 해를 끼쳐서는 안 된다는 것이 인공지능과의 관계입니다.

그래서 인공지능은 인간의 통제하에 만들어지고 사용되어야 한다는 것입니다. 이것은 인공지능이 인간이 가지고 있는 선한 본성을 추구해야 함과 동시에 인간과 동등한 수준의 의사결정을 만들어 내고, 옳고 그름을 판단하는 권한을 스스로 가질 수 없다는 것을 내포하고 있습니다. 그래서 '인공지능은 어떤 의사결정도 인간에 의해서 수정되거나 취소될 수 있다'라는 부분을 우리가 넣을 수밖에 없습니다. 왜냐하면 우리가 트롤리 딜레마나 인도교 딜레마 등과 마찬가지로 어떠한 자율적인 의사결정을 했을 때 인공지능이 모든 책임을 질 수 없기에, 로봇이 판단할 수 없는 인공지능이 판단할 수 없는 예외적 상황에 대해 인간이 수정하고 취소할 수 있어야 합니다. 따라서 의사결정에서의 권한과 옳고 그름을 판단하는 권한은 인간이 가지고 있다는 것이 '인공지능 윤리헌장'에 포함되어 있습니다.

'인공지능 윤리헌장' 제2장은 선하고 안전한 인공지능을 지향합니다.

원칙

제 2장 선하고 안전한 인공지능
제8조. 전쟁과 인명 살상 목적의 인공지능은 절대 만들어서는 안됨
제9조. 인공지능 기술과 알고리즘은 인류 보편의 가치에 반할 수 없음
제10조. 인공지능 기술과 알고리즘에 불안전한 요소가 발견 시 즉각 수정되어야 함
제11조. 인공지능 기술과 알고리즘은 기록과 문서화에 의해 투명하게 관리되어야 함
제12조. 인공지능 기술, 알고리즘, 데이터들은 외부 공격에 방어할 수 있는 강력한
　　　　보안체계를 유지해야 함

제8조는 전쟁과 인명 살상 목적의 인공지능은 절대 만들어서는 안된다는 것입니다. 제9조는 인공지능 기술과 알고리즘은 인류의 보편적 가치에 반할 수 없다는 것입니다. 예를 들어 인공지능 기술이 발달되다 보면 알고리즘에서 특정 단체나 특정 집단에 대해 특별한 이익을

추구하는, 모든 인간은 평등하다는 보편 이익의 보편적 가치에 반하는 알고리즘이 적용된 인공지능을 만들게 된다면, 우리 인류사에 굉장히 불이익을 가져올 것입니다. 제10조에 따라서, 인공지능 기술과 알고리즘에 불안전한 요소가 발견됐을 때는 즉시 수정되어야 합니다. 최근 구글의 포토에서 흑인 커플을 고릴라로 잘못된 인식한 오작동 문제나, 마이크로소프트사의 챗봇인 테이가 보수적 언어를 편향적으로 습득한 문제들은 즉각적으로 수정되어야 합니다.

제11조는 인공지능 기술과 알고리즘은 자체의 기록이나 문서화에 의해 투명하게 관리되어야 한다는 것입니다. 잘못되었던 기존의 사례들을 폐기하고 넘어가는 것이 아니라 왜 어떤 이유로 이러한 결과가 나왔는가가 규명되어야 합니다. 구글의 포토에서 왜 흑인 커플이 고릴라로 명명되었는가? 테이의 챗봇은 어떻게 개선하고 관리할 것인가? 등에 대해 실질적으로 투명하게 보고되고 관리되어야 한다는 것입니다.

제12조는 인공지능 기술, 알고리즘, 데이터 등에서 우리가 이를 개선할 수 있는 강력한 보안 체계를 유지할 수 있어야 한다는 것입니다. 인공지능에 학습되는 데이터는 대부분 빅데이터입니다. 이 빅데이터는 신뢰할 수 있고 편향적이지 않으며 합법적이어야 합니다. 실제로 일정한 특수지역에 있는 빅데이터, 예를 들어 서울지역 데이터만을 수집한 빅데이터를 가지고 대한민국 전체의견으로 이야기할 수는 없기에 빅데이터 자체도 신뢰할 수 있는 수준으로 만들어야 한다는 뜻입니다.

제14조는 빅데이터의 수집 시에 합법적인 절차에 따라야 하지만 이 절차에서도 개인의 프라이버시를 침해해서는 안 되는 것을 밝히는 것입니다. 인공지능 사용 환경에 노출 시 자율적인 선택권이 보장되어야

하는데 이러한 자율적인 선택권이 보장되었을 때, 종속이 되거나 다른 사람의 의도에 따라 강제되지 않아야 한다는 뜻이 있습니다. 그리고 인공지능 제품과 서비스에는 비상시에 사용하는 킬스위치 즉, 작동 통제를 할 수 있는 것이 반드시 내장되어야 한다는 특징이 있습니다.

인공지능 제품과 서비스를 출시하기 전에는 충분히 품질검사를 반복적으로 거쳐서 오작동을 방지해야 하고, 이러한 서비스는 출시 전에 인공지능 윤리위원회의 검수나 검증을 거쳐서 윤리적 문제를 초래할 수 있는지를 살펴보아야 하며, 사후 모니터링시스템을 통해서도 관리되어야 합니다. 그래서 실질적으로 오작동을 사전 사후 시스템을 통해서 확실히 관리할 뿐만 아니라 만약에 인공지능이 고장 나거나 장애가 발생했을 때 그 원인을 명확하게 파악할 수 있어야 합니다.

'인공지능 윤리헌장'의 제3장은 제21조에서 제32조의 12조항으로 인공지능과 개발자의 윤리에 대한 것입니다. 제21조는 인공지능 개발자는 어떤 누구보다도 강화된 윤리적 책임의식을 가져야 한다는 것입니다. 왜냐하면 인공지능 개발자는 인간에게 해를 끼치는 인공지능을 만들어서는 안 되기 때문입니다. 따라서 인공지능 개발자는 합의된 안전 개발 지침에 의거해서 인공지능 제품과 서비스를 만들어야 합니다. 즉 개발자는 인공지능의 자체적인 의사결정에 대한 능력을 부여할 때 고도의 주의를 기울여야 합니다. 그래서 실제로 개발자는 머신러닝의 알고리즘을 적용할 때 어떻게 적용할 것인가? 빅데이터를 선별하기 위해서 상당히 많이 노력해야 합니다.

구글의 포토, 마이크로소프트의 테이는 머신러닝이고 그 자체의 데이터 속에서 규칙, 알고리즘이 나옵니다. 구글과 마이크로소프트가 사용했던 데이터들은 대부분 유럽인, 미국인, 백인 위주의 데이터가 더 많았다는 겁니다. 흑인, 황인종의 데이터는 상대적으로 적었습니다. 이러한 데이터들의 특성 때문에 디지털 편향이 발생한 것을 예측할 수 있습니다.

따라서 개발자는 머신러닝 알고리즘을 적용할 때 출력 전 시뮬레이션 과정을 통해서 결과값의 오류를 최소화하고 결과값에 대한 충분한 예측 정보를 확보한 뒤에 인공지능을 출시해야 합니다. 그리고 개발자 또는 개발회사는 소비자에게 인공지능 제품과 서비스에 대한 충분한 정보를 제공하고 주의 사항을 고지할 의무가 있습니다.

예를 들어서 마이크로소프트사의 챗봇인 테이의 처음 데이터는 정상적이었지만 16시간 동안의 채팅을 통한 학습 과정에서 테이는 문화적으로 편견적 용어들, 비속어 등을 많이 학습하였다는 것이었습니다. 원본 데이터는 잘 만들었지만 인공지능의 데이터 관리에서 사투리를 많이 쓰고, 비속어를 많이 쓰는 사람과의 접촉이 빈번해지면 비속어와 속어를 많이 쓰는 인공지능이 개발된다는 것입니다. 이에 대해 제27조는 개발자 또는 개발회사에게 인공지능 제품과 서비스에 본래 목적 외의 기술이나 기능이 내장될 경우 이를 소비자에게 고지할 의무를 부여했습니다. 그리고 제3장 제29조는 개발자 또는 개발회사는 소비자에게 제품과 서비스에 인공지능기술이 적용되어 있음을 표지나 문서, 음성 등으로 사전에 고지함으로써 인공지능과 소비자의 관계에서 야기될 수 있는 향후의 문제들을 미연에 방지할 수 있음을 알리도록 하였습니다.

또한, 제32조는 개발자 또는 개발회사는 소비자로부터 데이터를 받거나 취급할 때도 사전에 동의를 구하거나 해당 내용을 고지해야 하며, 인공지능 개발자는 인공지능의 안전과 윤리에 관해서도 다양한 관계자들과 협력해서 지속적인 교육을 받도록 명시하였습니다. 개발회사에게 실질적으로 안전하고 윤리적인 인공지능을 만들 수 있도록 환경을 조성해 주고, 적극 지원해야 할 의무를 부여한 것입니다. 이는 인공지능 개발자가 새로운 신기술을 개발할 때, 순기능뿐만 아니라 사회에 미칠 부작용도 고려해야 하며, 역기능이 우려될 경우 개발에 좀 더 신중해야 함을 강조한 것입니다. 왜냐하면 인공지능은 자율적으로 의사결정을 하고 스스로 생각하는 기능이 있기에 개발 이후에 소비자와의 관계 속에서 또 어떻게 발전되고 변화될지 모르기 때문입니다.

한편, 제4장은 소비자 역시 개발자만의 책임이 아니라 인공지능이 자기의 것이 된 다음에 개발되는 부분에 대한 책임은 일정 정도 가지게 되며, 인공지능 제품과 서비스를 올바른 방법으로 사용해야 할 의무를 지니게 됨을 밝힙니다.

즉, 인공지능을 대하는 소비자는 인공지능 제품과 서비스를 받았을 때, 인공지능 로봇을 타인을 해치거나 범죄의 목적으로 사용해서는 안되며, 인공지능 제품과 서비스를 올바른 방법으로 사용해야 합니다. 예를 들면 인공지능 사용자나 소비자가 인공지능을 이용해서 영상이나 이미지, 음성 등을 조작한 콘텐츠를 생성하고 배포할 때, 오용, 남용, 합성해서는 안 되는 것을 의미합니다. 콘텐츠 제공 시 인공지능을 이용해서 제작한 콘텐츠임을 표지나 문서, 음성 등으로 사전에 밝히지 않는다면 문제가 발생할 수 있기에 사전에 인공지능으로 합성된 영상이라는 것을 밝혀야 된다는 것이 소비자의 윤리에 꼭 포함되어 있습니다.

마지막으로 '인공지능 윤리헌장' 제5장은 공동의 책임과 이익을 공유해야 한다는 것을 선언합니다. 인공지능은 인류의 공동책임감으로 만들어졌기 때문에 인공지능의 위험성을 먼저 감시하고 발생한 해악을 제거해야 한다는 것입니다. 인공지능의 편익은 상당히 크지만, 모든 인류가 공평하게 누리고 향유 할 수 있어야 합니다. 인공지능 기술 수혜의 취약 국가와 취약 계층을 위해서도 인류 공동의 지원과 교육이 이루어져야 합니다. 인간과 인간이 만드는 인공지능 기술은 전 지구와 환경 생태계에 윤리적, 도덕적 책임을 져야 합니다.

한국 인공지능 윤리협회에서 공표한 인공지능 헌장은 지속적으로 추가 항목이 생기고 있습니다. 인공지능 기술이 발전하면서 윤리적 책임이나 내용 등이 추가가 되기 때문에 계속적으로 서문에서 추가된 사항을 포함하게 됩니다.

'인공지능 윤리헌장'에서 우리가 살펴볼 수 있는 대표적 사례는 '무인 자동차'에 나타나는 인공지능 윤리입니다. 인공지능으로 움직이는 '무인 자동차'는 특정 교통상황과 관련된 윤리적 문제를 해결해야 합니다. 최종 목표인 완전한 자율주행이 가능한 자동차로 완성되기 위해서는 윤리적 상황의 해결이 선행된 후에 기술의 완성이 이루어져야 하기 때문입니다. 과거에는 기술 발전과 비즈니스가 윤리와 갈등 관계에 있었던 반면에 인공지능의 발전은 도리어 윤리를 고려해야만 기술 발전과 비즈니스가 가능한 사회로 우리를 이끌어 가고 있습니다.

인공지능에 적용되는 윤리는 '착하게 살아야 한다'는 좁은 의미의 윤리를 넘어서고 있습니다. 즉 복잡한 상황에 적합한 의사결정으로 관련 의사결정 주체나 대상의 지속가능성을 확보한다는 넓은 의미를 지니고 있습니다. 윤리적 고려가 산업, 경영, 과학기술 등 거의 모든 분야를 이끄는 중요한 요소가 되어 윤리적 패러다임의 변화를 초래하고 있습니다.

인공지능 윤리가 기존의 과학기술 윤리와 구별되는 이유는 기존의 과학기술은 주로 물질을 다루지만, 인공지능은 사고 판단이라는 정신 작용과 관련되며 전기신호의 작동을 통해서 뇌 기능에 직접 개입하기도 하기 때문입니다. 뇌는 전기신호를 통해서 뇌신경 세포들 간의 정보를 전달하는데 컴퓨터의 전기신호를 뇌신경 세포들에 전달함으로써 인간의 인지기능을 변화시킬 수 있습니다.

인공지능과 컴퓨터는 전기신호라는 공통분모를 통해 물리적으로 뇌라는 물질에 개입하고 이를 통해 인지 상태를 변화시킵니다. 생명과학, 정보과학, 나노과학이 물질 중심의 패러다임에 속한다면 인공지능은 인지 패러다임과 직접 연계됩니다. 따라서 인공지능 윤리의 쟁점들은 물질에 대한 인간의 조작뿐 아니라 인간의 정신 상태 변경 및 향상과 관련한 윤리 쟁점과 밀접한 관련이 있습니다.

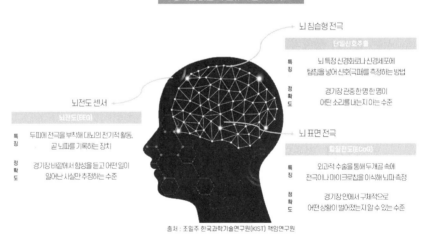

생각을 읽는 뇌 컴퓨터 인터페이스

출처 : 조일주 한국과학기술연구원(KIST) 책임연구원

생각을 읽는 뇌를 컴퓨터의 인터페이스로 설명하면, 인간의 '심층 신경망'에서 딥러닝이 작동하는 것입니다. 한의원이나 물리치료실 같은 곳에서 여러분들이 두피 부분에 전자기기를 탈부착하게 되면 '뇌전도

센서'라는 부분과 연결됩니다. '뇌전도 센서'는 두피에 전극을 부착했을 때 실제로 뇌 속에 있는 뇌파를 기록하는 장치입니다. 축구나 야구 경기장 등의 운동 경기장 외부에서 "와" 하는 함성소리가 들린다면, 격렬한 함성소리 또는 중간 정도의 함성소리 등을 통해 축구 경기 중에 "골이 들어갔구나", 야구경기장이라면 "안타나 홈런이야"라고 유추하는 것입니다. 즉, 어떤 정도의 사건이 발생했는지를 추측하고, 추정하는 수준을 우리는 '뇌전도 센서'라고 이야기할 수 있습니다.

뇌의 특정한 신경회로나 신경세포에 탐침을 넣는 '뇌 침습형 전극'이 있습니다. 한의원이나 물리치료실 같은 곳에서 침을 피부나 뇌 안에 깊숙하게 넣어서 일정적인 신호(극파)를 측정한 방법입니다. 탐침에 의해서 그 소리나 신호를 듣게 되면 외부에서도 경기장 안에 있는 관중의 한 명 한 명이 어떤 소리를 내는지, 어떤 반응을 하고 있는지를 알아낼 수 있는 수준이 '뇌 침습형 전극'이라고 볼 수 있습니다.

외과적 수술을 통해 개복 수술하는 '뇌 표면 전극'이 있습니다. 이는 두개골 속에 일정한 전극이나 마이크로칩을 이식해서 뇌파를 측정하는 겁니다. 뇌파를 통해서 경기장 안에 구체적으로 어떤 상황이 벌어지고 있는지를 전체적으로 조망하고, 아나운서와 해설자의 이야기도 알 수 있는 수준입니다.

얼마 전에 일론 머스크가 '뇌 표면 전극'을 원하는 사람의 뇌에 삽입하여 설치하겠다고 말한 적이 있습니다. '뇌 표면 전극'이 뇌에 삽입되면 의식 자체도 통제가 가능하다는 단점이 있는 반면에 뇌출혈, 뇌경색 등으로 척수가 손상된 반신불수나 전신불수의 환자들도 뇌의 명령어가 신체에 전달되지 않는 문제가 해결되기에 충분히 걸을 수 있고, 움직일 수 있는 단계까지 발전할 수 있습니다.

뇌의 기능까지도 영향력을 미칠 수 있는 기능을 인공지능이 가지고 있기에 '인공지능 윤리헌장'에서는 상당히 우려를 하고 그에 대한 주의와 의무를 이야기하고 있습니다.

제3장 무인자동차에 나타난
인공지능 윤리

1 인공지능 윤리 – 자율 지능 시스템

2 인공지능에 대한 윤리적 평가를 어떻게 할 것인가

3 의사결정 자동화에 필요한 윤리적 원칙은 무엇인가?

4 로봇에 입력할 도덕은 인간의 도덕과 같을까?

1. 인공지능 윤리- 자율지능 시스템

인공지능윤리에 자율 지능 시스템의 의미란?

- **'자율', 외부 정보를 외부의 개입없이 스스로 학습하는 능력**

  - 인공지능은 과거의 규칙 기반의 자동 시스템에서 자율 시스템으로 발전함

  - 인공지능의 "자율 시스템" 에서 자율은 '복잡한 환경에서 복잡한 임무를 수행하기 위해 스스로 인식하고, 계획하고, 진단하고, 제어하고, 중재하고, 협업하는 등 다양한 지능적 기능들을 가지는 시스템'으로 정의됨

자율지능 시스템에서 가장 대표적인 사례는 자율주행 자동차를 예로 들 수가 있습니다. 자율지능 시스템은 부분 자율, 조건부 자율, 고도 자율, 완전 자율의 4단계로 나눌 수 있습니다. 부분 자율은 일반적으로 차량이 차선과 차량의 간격을 유지하는 운전자의 보조적 기능을 수행하는 것입니다. 즉, 인간이 운전하고 인공지능이 시스템적으로 도와주는 단계를 부분 자율이라고 합니다.

조건부 자율은 인간이 자동차를 운전하는 것이 아니라 인공지능이 자동차를 운전하는 겁니다. 특정 구간 즉, 고속도로의 주행 같은 경우가 될 것입니다. 비행기의 경우에는 이륙과 착륙이 아니라, 고도 3500 피트로 일정 구간을 주행할 때 조건부 자율이 이뤄질 것입니다. 이런

조부 자율은 조건적 상황에 어떤 특정한 상황이 도래하지 않으면 인간이 적극적으로 개입할 필요는 없지만, 특정 상황에서는 인간의 적극적 개입이 꼭 필요로 한 자율을 의미합니다.

고도 자율은 특정 구간의 고정된 구간에서 일어날 수 있는 문제를 스스로 해결할 수 있는 단계라고 할 수 있습니다. 인공지능 시스템이 운전하고, 인간이 안전모드에 위배 된 행동으로 개입하려고 시도하더라도, 시스템이 인간하고 대결하여 일정 정도의 안정성을 확보할 수 있는 단계가 고도 자율입니다.

'완전 자율'은 어떤 상황이나 조건에서도 사람의 개입이 없이 완벽하게 자율주행하는 단계입니다.

자율주행차 발전단계

부분자율	조건부자율	고도자율	완전자율
현재	2020년	현재	2035년
정의 • 운전자: 주행 • 시스템: 조향, 가감속 기능 복합되어 특정 주행모드 수행	**정의** • 시스템: 주행 • 운전자: 시스템의 개입 요청에 적절히 대응, 항상 차량 제어 준비자세	**정의** • 시스템: 주행, 운전자가 개입 요청에 적절히 대응 못하는 경우에도 시스템 주행 가능	**정의** • 모든 조건에서 시스템이 상시 운전
주요기능 ✓ 차간거리 유지+차선 유지 ✓ 자동주차	**주요기능** ✓ 고속도로 자율주행 ✓ 기상상황 제외한 자율주행	**주요기능** ✓ 특정 구간 및 기상상황을 제외한 자율주행	**주요기능** ✓ 자율주행 ✓ 무인운송

출처: 국토교통부

현재는 부분 자율 넘어서서 조건부 자율과 고도 자율 단계를 지향하고 있습니다. 2035년쯤 되면 완전 자율 단계에 도달한다고 예측하고 있습니다. 자율주행 시스템에서의 자율주행 정의를 우리가 단계별로 다시 설명한다면 0단계에서 5단계까지로도 살펴볼 수가 있습니다.

자율주행 정의

단계	구분	내용
0단계	비자동화	자율주행 기능이 없는 일반 자동차
1단계	운전자 지원 기능	자동 브레이크, 자동 속도 조절 등 운전 보조
2단계	부분적 자율주행	운전자가 운전하는 상태에서 2가지 이상의 자동화 기능이 동시에 작동. 부분 자율주행 운전자 상시 감독 필요
3단계	조건부 자율주행	자동차 내 인공지능에 의한 제한적인 자율주행이 가능하나 특정 상황에 따라 운전자의 개입이 반드시 필요함
4단계	고급 자율주행	시내 주행을 포함한 도로 환경에서 주행 시 운전자 개입이나 모니터링이 필요하지 않는 상태
5단계	완전 자동화	모든 환경 하에서 운전자의 개입이 필요하지 않음

➡ 2020년부터 3~4단계 정도 시행 가능 예상　　　출처: \<SAE(Society of Automotive Engineers)\>

일반적으로 0단계는 자동차에서 자율주행 기능이 전혀 없는 일반 자동차를 예상할 수 있습니다.

1단계는 운전자에 대한 지원기능으로 현재 대부분의 자동차에 장착되어 있습니다. 자동 브레이크 기능, 속도 조절 기능, 급속 운전 제어 기능 등 운전자의 보조지원 기능이 1단계입니다.

2단계는 '부분적 자율주행'이 시작됩니다. 부분적 자율주행이라고 하는 것은 차선의 유지, 차 간의 유지 등 차 간의 간격과 차선 유지를 동시에 진행하면서 자동차의 운전을 자율적으로 진행할 수 있게 도와주는 기능입니다.

3단계는 고속도로에서 운전모드를 100 Km에 맞춘다든지, 80 Km에 맞춘다든지 120 Km에 맞춰서 운행했을 때 부분적 자율주행이 가능한 것을 말합니다. 이를 '조건부 자율주행'이라 하며 자동차 운행에서의 조건, 운행 작동 시의 조건들에 맞춰서 고속도로에서의 자율주행이 가능하게 합니다. 조건부 자율주행 기능에서는 운전자의 동작 없이도 자동차가 자동적으로 운전을 한다고 생각하시면 됩니다.

4단계는 '고급 자율주행' 기능입니다. 우리가 시내에서 자율주행을 할 때, 시내의 도로 환경에 어떤 예외적인 상황, 균열이 일어났다든지, 특정 교통 상황이 나타나더라도 기본적인 자율주행이 가능한 단계가 고급 자율주행 단계입니다. 그렇지만 늘 다니는 지역이 아니라 특정 지역이나 특정 상황에서는 자율주행이 어려운 단계, 인간의 지원이 필요한 단계를 고급 자율주행 단계라고 보실 수 있습니다.

5단계는 완전 자율자동화 단계로 인간의 개입 없이 무인 자동차 스스로 운전한다고 생각하시면 되겠습니다.

다음은 운전자의 역할을 중심으로 4단계의 자율주행을 설명한 내용입니다.

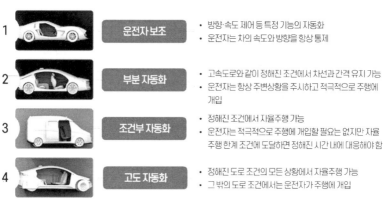

1	운전자 보조	• 방향·속도 제어 등 특정 기능의 자동화 • 운전자는 차의 속도와 방향을 항상 통제
2	부분 자동화	• 고속도로와 같이 정해진 조건에서 차선과 간격 유지 가능 • 운전자는 항상 주변상황을 주시하고 적극적으로 주행에 개입
3	조건부 자동화	• 정해진 조건에서 자율주행 가능 • 운전자는 적극적으로 주행에 개입할 필요는 없지만 자율주행 한계 조건에 도달하면 정해진 시간 내에 대응해야함
4	고도 자동화	• 정해진 도로 조건의 모든 상황에서 자율주행 가능 • 그 밖의 도로 조건에서는 운전자가 주행에 개입

출처 : Samsung Newsroom "자율주행 자동차의 현주소"

1단계, '운전자 보조 단계'는 동시에 두 가지 이상으로 운전자를 지원할 수 있는 시스템으로, 자동차 운행 시 차선과 차간 간격을 동시에 유지하며 운전하는 단계라고 생각하시면 됩니다.

2단계, '부분 자동화 단계'에서는 고속도로와 같은 곳의 운전을 할 때, 100 Km 이상의 주행모드를 사용하면서 차선과 차간 간격을 동시에 유지하는 단계입니다. 이 단계에서는 고속도로와 같은 특정 구간에서는 운전에서의 부분적인 자동화 단계가 이루어졌다고 생각하시면 되겠습니다.

3단계, '조건부 자동화 단계'는 특정 구간에 고속도로 주행이라든지 특정 지역 내에서는 인공지능이 자유로이 운전을 한다고 생각하면 됩니다. 비행기 모드 경우에서도 3500 피트에선 기장, 부기장의 조정없이 조건부 자율 운행이 된다고 할 수 있습니다.

4단계, '고도 자동화 단계'는 위기 상황, 기상이변이 일어난다든지, 특별한 문제가 발생했다 하더라도 특정 구간에서 자율적으로 제어가능하고, 안전모드를 스스로 제어할 수 있는 단계입니다. 위 그림을 보면 인간의 보조 정도, 조건부 정도를 확인할 수 있습니다.

2. 인공지능에 대한 윤리적 평가를 어떻게 할 것인가?

인공지능은 스스로 자율학습 기능을 지니고 있어 만약에 사고나 특정 문제가 발생했을 때, 윤리적 문제가 발생할 수 있을 겁니다. 이 윤리적 문제는 인간이 전부 의도한 것이라고 보기가 어렵습니다. 법적 분쟁에서 인간의 활동을 고의성인지 아니면 의도가 들어 있지 않은지에 대한 판단을 많이 하게 되는데, 인공지능의 활동에서 문제가 발생했을 때, 인간이 고의로 인공지능을 조작해서 어떤 문제가 발생했다고 하면 사실 이러한 문제에 대해서는 윤리적 판단을 내리기 쉽습니다. 법적 조치를 취하더라도 인간의 의도가 가미되었기 때문입니다.

그런데 만약에 고도로 자율화된 인공지능 시스템에서 어떤 행위가 발생했을 때는 실질적으로 인간의 의도라는 부분을 넘어서서 인공지능 자체 내의 자율적인 의사결정으로 판단을 내리는 경우가 많지 않겠습니까, 그래서 비의도적인 무의식적인 편향이라는 게 발생했다고 볼 수가 있습니다.

그랬을 때, 우리는 인공지능에 대해서 어떻게 윤리적 평가를 해야 할 것인가가 문제가 될 수가 있습니다. 어떤 편향을 만들게 했던 데이터부터 시작해서, 자율적 학습으로 발달 된 인공지능의 자율적인 실행이라든지, 오작동에 관련되는 모든 활동에 대해서 어느 정도 윤리적 평가를 할 것인가가 현재 논의되고 있습니다.

'인공지능에 대해서 윤리적 평가를 어떻게 할 것인가'가 윤리적 쟁점이라고 이야기할 때, 인공지능의 자율적 판단의 개발과 관련된 기초 자료인 데이터가 깊이 연관될 수 있습니다. 인공지능이 어떤 데이터를 학습했는지, 인공지능이 어떠한 문화적 배경을 가진 사회 속의 사람들과 관계하여 데이터를 자율적으로 개발했는지 판단을 내리는 것도 중요합니다. 독특한 문화적 특수성이 데이터 속에 내포될 때, 인공지능 자체 내에서 채택되지 않을 수도 있지만 채택될 수도 있기에 이에 대한 윤리적 쟁점이 생성되고 있습니다.

따라서, 인공지능의 윤리적 평가에서 인공지능의 기술적 부분도 중요하지만, 그 재료인 데이터의 수집, 선정에서 기술자만의 판단이 아니라 인문학적 시각과 인간의 비판적 사고가 반드시 포함되는 것이 핵심적인 윤리적 평가의 요소라고 할 수가 있습니다.

AI 위험의 7 가지 차원 - Babar Bhatti

위험이 숨어 있거나, 잘 이해되지 않았거나, 단순히 식별되지 않은 부분을 이해한다면
위험이 따라 잡기 전에 위험을 포착 할 가능성이 더 높습니다.
- McKinsey

전략 위험	재무 위험	기술적 위험
인력 및 프로세스 위험	신뢰 및 설명가능성 위험	규정준수 및 규제 위험
	윤리적 위험	

AI 위험에 대해 바바 바티(babar bhatti)는 7가지 차원의 전략적 AI 위험을 설명합니다. 첫 번째는 목표를 설정한 것이 불명확하거나 성공 지표가 명확하지 않았을 때 나타나는 AI 위험입니다.

두 번째는 재무 위험으로 데이터의 질을 선택할 때 최고의 데이터를 만드는 데 돈이 든다는 것입니다. 최고의 과학자를 섭외하는데도 돈이 들며, AI 설계부터, 기술의 작동까지 드는 모든 비용에서 경제적인 재무 위험이 나타날 수가 있습니다.

세 번째는 AI의 기술적 위험으로 작동 상의 문제, 오작동의 문제와 인력 및 프로세스에 대한 위험들입니다.

네 번째는 위험이 숨어있거나, 잘 이해되지 않거나, 단순히 식별되지 않는 특성이 있어 우리가 위험을 먼저 찾아서 대체해야 합니다.

다섯 번째는 신뢰와 실용 가능성입니다. AI 기술을 만드는 사람이 단순 기술자로서 인문학적 소양이나 비판적 사고를 겸비하지 않고, AI 를 만들 경우에 여러 가지 문제가 나타날 수밖에 없다는 겁니다. AI

기술의 윤리적 적용에서 규칙 및 규정 준수 등에 윤리적 위험이 내포되어 있다고 보면 됩니다. 지역이나 문화권, 특수한 목적에 따라서도 규칙이나 규정을 어떻게 전수할 것인가도 문제가 됩니다.

3. 의사결정 자동화에 필요한 윤리적 원칙은 무엇인가?

AI는 기술의 일종이며 인간이 만드는 과학기술입니다. 이런 과학기술 자체가 문제가 있는 것이 아니라 AI 자체가 가지고 있는 자율적 의사결정 능력 때문입니다. AI의 자율적 의사결정은 여러 사회의 문화적 특수성에 따라 스스로 학습해 나가는 과정에서 다르게 결정될 수 있음을 고려할 수밖에 없습니다.

AI 시스템 자체는 사용 용도에 따라서도 데이터의 질과 양이 달라집니다. 자율주행 기능이 있는 비행기나 자동차의 경우에 사용되는 데이터와 마트나 상점, 식당 등에 이용하는 AI의 데이터의 질과 양이 다릅니다. 특히 전략적 군사 시설에 사용하는 AI는 프로그램 자체에 예상될 수 있는 모든 위험을 통제하고 제어하는 기능이 추가되어 있어야 합니다.

AI에서의 또 다른 문제는 구상 단계부터 계획하고, 실험하고, 실행하는 각 단계별로 모든 부분에서 어떤 의도가 개입될 수 있기에 이에 대한 제어도 필요합니다.

다음으로 AI 기술 위험에서 고려할 사항은 알고리즘의 양입니다. 데이터의 다양성이 많기에 데이터의 질과 문화적 특수성에 따른 데이터의 편향을 고려할 수밖에 없습니다.

마지막으로 AI를 어떻게 활용할 것인가? 인간에게 유리하게 인간의 삶에 활용할 방안을 선택하려고 해도 AI의 자율적 능력 또한 발달 되기 때문에 통제 불가능성을 고려하여 대처할 방안을 고려해야 합니다.

AI의 기술 위험에서 고려할 사항

AI의 기술위험에서 고려할 사항

사회경제적 위험	작동 시 위험	윤리적 위험	통제 관련 위험	보안 위험
• 기술적 실업 • AI접근의 격차 • 인종, 성별의 차별 • 책임귀속의 문제	• 판단오류 • 편향성 • 연산과정 불투명성 • 설명 불가능성	• 트롤리 딜레마 • 상식 코딩화 곤란성 • AI-인간 사이의 　가치 정렬 불일치	• 갑작스러운 오작동 • 자동화된 살상무기 　개발 • 악의적 남용 • 인간의 통제권 상실	• 알고리즘 조작 • AI 사이버 공격 • 적대적 데이터 입력 • 데이터 프라이버시

최근의 AI의 기술위험에서 연구되는 사항

• 안면인식 머신러닝의 오류와 감시　　　　　• 데이터 프라이버시
• 인종과 성별에 따른 차별　　　　　　　　　• 설명 가능성

AI 기술의 위험에서 고려할 사항을 다섯 단계로 나누어 살펴보면 다음과 같습니다. 첫 번째는 사회경제적인 위험으로 AI의 발달로 인한 실업의 증가입니다. 4차 산업으로 인한 기술적 실업이라고 할 수 있습니다. AI의 접근이 어려운 사람들 비서구권 제 3세계나 아프리카 등에서는 접근적인 격차가 나타나 서구권에 비해 취약할 수밖에 없기에 어

떤 면에서는 인종적인 선별적 차이들이 나타납니다. 사회경제적인 지배 세력과 피지배 세력들이 나뉠 수밖에 없는 문제가 나옵니다. 마찬가지로 인간의 문제인지 기술의 문제인지 책임 귀속의 문제가 나타날 수밖에 없습니다.

두 번째는 AI의 작동 시 나타날 수 있는 문제입니다. 대표적인 게 편향입니다. 특정 데이터가 많이 누적됐을 때 나타나는 편향 사례가 예시로 들었던 '구글의 포토 사건', '마이크로소프트의 테이 사례'입니다. 연산 작동 시에 나타나는 불투명성으로 왜 이러한 편향이 나타나는지에 대한 설명이 곤란합니다. 그래서 구글은 2018년에 2015년 포토 사건을 고릴라라는 말을 삭제하는 걸로 단순 해결합니다. 이처럼 AI 작동 시 설명 불가능성이 포함될 수밖에 없다는 한계가 있습니다.

세 번째는 윤리적인 위험으로 '무인 자동차'에서 나타날 수 있는 '트롤리 딜레마'를 이야기할 수 있습니다. 윤리적 판단을 내릴 때 문화권마다 상식이 다르기에 어떤 판단을 내려야 곤란할 수 있습니다. 대한민국에서는 반가운 사람을 만났을 때, 보듬거나 포옹하는 행동은 가족 간이나 매우 친밀한 사람에게만 행하지만, 유럽에서는 일반적인 관계에서도 인사로 포옹합니다. 상식적인 부분이 다르기에 그것을 어떻게 표현할 것인가도 문제가 됩니다.

네 번째는 보안의 위험으로 알고리즘 조작, 사이버 공격 등에서도 적대적인 데이터가 나올 수도 있으며, 이에 대해 우리가 통제할 수 있는지에 대한 위험을 이야기할 수가 있습니다. 인공지능의 작동에서 갑작스럽게 오작동이 발생할 때, 어떻게 통제할 것인가, 고도 자율화 단계를 넘어서서 완전 자율화 단계에 들어서면 안전에 대한 AI의 인식과 인간의 의식이 다를 수가 있습니다. 그런 특정 상황에서 인간과 AI의 의식이 충돌될 때 통제하기가 어렵다는 것입니다.

'무인 자동차'를 설명했을 때 부분적인 단계나 조건부 단계에서는 실질적으로 인간의 통제가 가능하지만, 고도 자율화 단계에 들어서게 되면 AI에 대한 통제 자체가 곤란하다는 점입니다.

알고리즘은 계획, 설계, 조작, 실행 단계까지 보안의 위기가 나타날 수 있으며, AI의 사이버 공격, 적대적 데이터들의 침투 상황에 대해 어떻게 AI 기술 위험을 대비해야 할 것인가를 예측할 수 있습니다.

안면인식 머신의 오류를 검사하는 기능들에서 '딥페이크(deepfake)'를 이야기하면서 '구글의 포토 사건'에서 나온 것처럼 안면인식에서 흑인의 얼굴을 고릴라로 표현했을 때는 내재 되어 있는 데이터양의 차이를 고려할 수 있습니다. 고릴라나 침팬지 등 검은 동물 사진의 데이터 양이 많고, 일반적인 사람의 데이터에는 흑인의 사진이 백인의 사진보다 상대적으로 매우 적을 때, 안면인식 머신러닝에선 이런 오류들이 나타날 수밖에 없는 한계가 있습니다.

마찬가지로 인종과 성별에 따른 차별입니다. AI 기술 발달한 서구 쪽의 사람들에 비해서 황인종이나 흑인 같은 경우에 인종적으로 참여자의 수가 상대적으로 적습니다. 그리고 남성과 여성의 직업에 대한 역사적인 데이터를 봤을 때, 남성은 전문적 직업의 데이터가 많이 나오며 여성은 비전문적인 직업의 데이터가 나올 가능성이 더 많이 있습니다.

다음은 우리가 인공지능에 대한 윤리적 평가를 할 때 생각해 볼 수 있는 사례입니다.

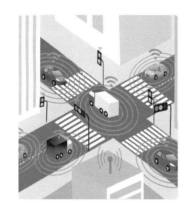 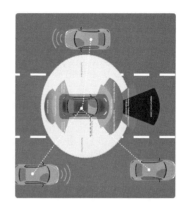

위의 그림에서 AI의 자동차가 '조건부 자율주행'과 '고도 자율주행 단계'로 정상 작동할 때, 일반 도로에서 자동차가 자연스럽게 운행하는 것은 문제가 없습니다.

무인자동차가 운전자의 희생과 타인의 희생 중 하나를 선택할 수 밖에 없는 상황에 처할 경우의 선택 문제

그러나 2016년 미국의 '사이언스'라는 잡지에서 '무인 자동차'의 운전자 희생과 타인의 희생 중 하나를 선택할 수밖에 없는 상황에 처할 경우 AI 기준에 어느 모드가 삽입되어 있는가에 따라 결과가 달라집니다.

첫 번째 보이는 화면, 1번 항목에는 '무인 자동차'는 트롤리 딜레마와 마찬가지로 다수를 위해서 소수를 희생하는 선택으로 응답자의 76% 정도의 사람들이 자연스럽게 하게 됩니다.

2번 상황에선 '무인 자동차'에 사람이 타고 있으며, 행인이 지나가고 있습니다. 무인 자동차의 희생을 선택하는 상황으로 행인에게 상해를 입히지 않기 위해서 방향을 바꿔서 벽면에 부딪히게 됩니다. 그러면 무인 자동차가 상해를 입게 됩니다. 이때 무인 자동차는 자기희생 모드로 설계되어 있습니다.

2번의 상황을 3번의 상황으로 변형해서, 자신이 '무인 자동차'에 타고 있고 자신이 희생되는 사람의 입장이라면 어떻게 할까요. 그리고 벽면을 치는 것이 아니라 서해대교 사건처럼 난간에 떨어져서 차가 강으로 추락하고, 생명을 보존할 수 없는 상황이 될 것입니다. 자신이 선택한 차가 '소수 희생'이 선택된 모드로 설계된 자율주행 자동차라면 어떻게 하시겠습니까?

무인 자동차 제작 설계 시에 타인 희생과 본인 희생 둘 중 하나를 법적으로 의무화한다면, 본인 희생을 의무화한 법에 진심으로 동의할 수 있는지가 문제가 됩니다.

우리는 일반적으로 소수보다는 다수를 구제한다는 도덕적 판단에 동의하지만, 절차적으로 자기희생 프로그램이 만들어진 '무인 자동차'를 선택하게 될 때, 도덕적으로 비일관적인 선택을 할 수밖에 없는 딜레마가 나타날 수 있습니다.

만약에 '무인 자동차'에 탄 사람이 내가 아니라, 나의 사랑하는 가족과 자녀일 수도 있기에 '무인 자동차'의 자기 희생모드에 대한 법적 동의를 망설일 수밖에 없습니다. '무인 자동차'를 구매 시에 자기 희생

모드, 타인 희생모드, 안전모드(무인 자동차의 선택에 대한 운전자의
결정이 가능한 모드)의 자동차가 있다면 여러분은 어느 모드의 자동차
를 구입할 건지 고민이 될 것입니다. 바로 이러한 점에서 미국에서의
무인 자동차의 규제 방안과 독일에서의 무인 자동차의 규제 방안이 크
게 차이가 납니다.

- 미국 가이드라인과 독일 윤리 지침 개요

구분	미국	독일
주요 특징	• 자율주행시스템의 소프트웨어 개발, 설계, 검증, 인증 및 안정성 평가 등과 관련한 기술적 사항들에 관하여 규정 • 기술적 내용임에도 불구하고, 자동차 생산 업체 및 규제 기관들에 대해 강제적 수단이 아닌 보다 유연한 자율적 권장사항 및 실시를 권고	• 자율주행자동차 도입에 앞서, 발생가능한 문제의 윤리 영역에 대한 논의 • 동 지침의 주요 내용 외 딜레마 상황, 동물 복지, 인간의 지배, 기술 분할 책임, 시스템에 대한 예속 및 책임의 범위 등 미해결 쟁점들에 대한 윤리위원회 의 논의 사항을 수록

위 표에서 보면 현재 미국은 15가지 가이드 라인을 12가지로 축소
하여 최소한의 자율주행 자동차의 기준을 만들었습니다. 상대적으로
독일은 20가지의 가이드 라인을 선택하였습니다. 미국의 무인 자동차
가이드 라인은 운전자 중심의 실용주의적인 경향으로 2017년 미국 교
통부와 도로교통 안전국의 입장이라고 생각하면 됩니다. 독일은 윤리
위원회 산하와 관련된 5개 부서들이 합쳐져서 무인 자동차의 주행 시
에 나타날 수 있는 여러 가지의 문제들 안전과 관련되는 윤리적 문제
들을 다각적으로 논의하는 것을 포함하고 있습니다. 자율주행 자동차
개발자들이 자율성이나 생명 보호, 피해를 최소화시킬 수 있는 내용들
을 수록하고 있습니다.

로봇에 입력할 도덕은 인간의 도덕과 같을까?

■ 미국 가이드라인과 독일 윤리 지침 개요

구분	미국	독일
주요 내용	• 자율주행시스템 안전 • 자율주행시스템의 운영설계범위 • 충돌 시 객체 및 이벤트 탐지와 대응 시나리오 • 위기 상황 최소화 대비책 • 자율주행시스템 개발 시 인증 방법 • 차량과 운전자 사이 상호작용 역할을 담당하는 휴먼-머신 인터페이스 • 차량 사이버 보안 • 충돌 시 탑승자 보호 및 피해 최소화 • 충돌 사고 후 자율주행시스템 대응	• 자율주행자동차 개발의 주요 목적 • 개발의 최우선 순위 고려사항 • 자율주행자동차 도입 및 승인에 대한 책임 • 자율주행자동차 관련 규제 목적 • 자율주행자동차 설계 목표 • 시스템 손상에 따른 제재 가능성 • 불가피한 위험 상황에서의 우선순위 • 딜레마 상황에서의 판단 • 개인적 특성에 따른 차별 금지 • 자율주행자동차의 사고 책임 소재 • 시스템 손상 책임

독일 연방정부는 자율주행 자동차 윤리위원회에서 트롤리 딜레마의 상황을 1단계, 2단계, 3단계, 4단계의 단계에 따라 어떤 윤리적인 해결책을 선택할 것인지에 대한 모니터닝을 지속적으로 하도록 규정하고 있습니다. 즉, 지금 결정하는 것이 아니라 무인 자동차의 개발 단계와 성능에 따라서 모니터링의 상황을 추가적으로 넣을 수 있도록 합니다. 동시에 대중의 인식 제고와 데이터의 전달이나 보호 사용에 대한 데이터 주권까지도 고려하고 있습니다.

무인 자동차가 위기 상황에 직면할 때의 안전모드에서 개인성과 공공성에 대한 논의는 앞으로도 지속적으로 연구되어야 할 과제이며 국제적인 규약과 규제 프레임이 개발되어야 할 것입니다.

미국의 무인자동차 가이드라인

- 미국의 교통부와 도로교통안전국의 입장

- 2017년 9월 12일 "자동주행시스템 안전을 위한 비전" 제시

- 「자율주행 안전 설계를 위한 12가지 가이드라인」을 제시함으로써 자율주행시스템 도입 대비
  * A Vision for Safety 2.0 – AUTOMATED DRIVING SYSTEMS('17.9) 구분 주요 내용

- 실용주의적 경향

독일의 무인자동차 가이드라인

- 독일은 윤리 위원회 산하 5개 실무 그룹 운영을 통해 '자동화 및 네트워크화 이동체' 윤리 지침*을 발간하고, 자율주행자동차 도입과 관련된 문제를 논의
  * ETHICS COMMISSION-AUTOMATED AND CONNECTED DRIVING('17.6)

- 자율주행자동차 기술 개발 시 자율성 원칙, 생명 보호, 피해 최소화 등과 관련한 내용 수록

- 독일 연방 정부는 자율주행자동차에 대한 윤리위원회의 지침 발표에 대응하여 시스템의 무결성을 보장하고 향후 필요한 활동에 대한 7가지 조치 계획* 제시
  * The Federal Government's action plan('17.9)

	구분
1	도로교통법 검토 및 개정
2	데이터 보호·전달 및 사용 여부 결정권 (데이터 주권)
3	학습 및 자가학습 시스템
4	딜레마 문제에 관한 검토 및 논의와 프로세스 모니터링 요건 마련
5	대중 인식 제고를 위한 방안
6	자동화 및 연결 시스템 국제 표준화
7	규제 프레임 개발

4. 로봇에 입력할 도덕은 인간의 도덕과 같을까?

우리가 로봇이 입력할 도덕을 고려할 때, 무인 자동차에 입력할 도덕의 차이를 볼 수가 있습니다. 무인 자동차는 앞서 말한 딜레마 외에도, 예기치 못한 사고 상황의 안전을 대비해서 자율주행 자동차의 운행 시 위기 상황에 대처할 수 있는 안전 기능모드를 만들어야 합니다. 예를 들어 특정 상황에서 어떤 식으로 행동하는지에 대한 기본적인 가이드라인으로 옆에 차량이 있을 때 피하기 모드, 충돌 방지 모드 등이 있습니다.

각 국가의 정책에 따라 기업들마다 자율주행 시스템에의 가이드라인이 차이가 있을 것이며, 인간과 무인 자동차 간에 연결되는 인터페이스에서도 차이가 있을 것입니다. 특정 상황에서 인간의 개입에 대한 허용 규정들이 설계에서 적용되어야 하고, 실전 테스트를 통해서 안전하게 작동되는지도 점검해야 됩니다.

차량의 사이버 보안도 중요합니다. 누군가 범죄적으로 무인 주행 자동차를 해킹해서 안전모드를 파괴한다든지, 위기 상황에 직면하도록 하는 것을 방지하기 위해 차량에 사이버 보안을 설치해야 합니다. 최대한 탑승자의 생명이나 신체를 보호하기 위한 안전 유지 시스템이 작동되어야 한다는 것입니다. 그리고 차량이 추돌했을 때, 빨리 시스템을 복구해서 자율주행으로 운행할 수 있는 충돌 이후의 복귀 시스템도 중요합니다. 그리고 자율주행 자동차의 운행에서 소비자의 교육과 훈련입니다.

미국의 무인 자동차와 독일의 자동차 간에 가이드라인의 차이는 딜레마 상황에 대한 판단과 자율주행 자동차의 설계에 대한 목표 등에서 실용주의적 입장과 윤리적인 시각의 차이에서 나타나고 있습니다.

다음의 문제는 2035년쯤 완전 자율기능의 무인 자동차가 만들어지게 된다면 그때 고려할 상황이고 법규라고 생각하면 될 겁니다

인간이 자동차의 운행에 전혀 관여하지 않는 상황에서, 사망 사고나 사건 사고가 발생했을 때, 탑승자의 개입이 전혀 없는 상황이란 점을 기준으로 사고에 대한 책임을 무인 자동차에게 100% 줄 것인지, 아니면 인간에게 어느 정도 책임성을 부여할 것인지에 대한 논의입니다. 예를 들면 탑승자가 차량을 지속적으로 운행하는 본인 소유의 차량일 때와 일회성으로 탑승하는 사람일 경우에 그 사고에 대한 어떤 책임성 정도가 달라질 수 있을 겁니다. 그리고 본인이 미국형의 안전모드 자동차를 구입했는지, 독일형의 안전모드 자동차를 구입했는지에 따라서도 책임성이 달라질 수 있습니다.

인공지능의 책임성 정도에 대한 논란을 좀 더 살펴본다면 인공지능

의사의 의료행위, 인공지능 판사의 법적판단 등도 사례가 될 것입니다. 의사의 조정을 받는 인공지능 의사의 의료행위에서 어느 정도까지 의사와 인공지능의 책임을 나눌 것인지, 인공지능 판사의 판결 비중을 어느 정도 둘 것인지도 문제가 될 것입니다.

기술 위험을 대하는 관점도 문화권에 따라 다릅니다. 인류학자인 메리 더글라스(Mary Douglas)와 정치학자인 윌다 브스키(Aaron Wildavsky)는 집단성과 격자성의 강도에 따라서 기본 신념을 평등주의, 공동체주의, 계층주의, 개인주의로 문화권의 특징을 나눕니다. 집단(group)의 응집력에 따라 집단성이 강한 집단이 있고, 집단성이 낮은 집단이 있습니다. 약한 집단성을 가진 쪽은 개인주의가 강하고, 높은 집단성을 가진 곳을 공동체주의가 강합니다.

- ▪ **문화적 인지: 세계관에 따른 위험인지의 차이**

계층적 개인주의

- 기후변화 (위험도 낮음)
- 핵무기 확산 (위험도 낮음)
- 이민자 유입 (위험도 높음)
- 총기규제 (위험도 높음)
- AI과 로봇 (위험도 낮음)

평등주의적 개인주의

- 마리화나의 합법화 (위험도 낮음)
- 군대 내 동성애 (위험도 낮음)
- 테러방지 활동 (위험도 높음)
- AI과 로봇 (위험도 낮음)

계층적 공동체주의

- 마리화나의 합법화 (위험도 낮음)
- 군대 내 동성애 (위험도 높음)
- 테러방지 활동 (위험도 낮음)
- AI과 로봇 (위험도 중간, 감수가능)

평등주의적 공동체주의

- 기후변화 (위험도 높음)
- 핵무기 확산 (위험도 높음)
- 이민자 유입 (위험도 낮음)
- 총기규제 (위험도 낮음)
- AI과 로봇 (위험도 높음, 회피욕구)

출처: Kahan, D. M. (2012). Cultural cognition as a conception of the cultural theory of risk. In S. Rose(Ed.), *Handbook of risk theory* (pp.725-759)

격자성이라는 것은 관계망(grid)으로 한 개인이 다른 사람과의 관계에 영향을 받는 정도입니다. 약한 격자성을 가진 사람들은 자율적인 판단을 많이 하게 되는 반면, 높은 격자성을 가진 사람들은 개인적인 규제나 규칙보다는 집단의 영향을 받을 가능성이 높습니다. 이런 이유로 인해서 동구권, 서구권, 북구, 남구 등 지역마다 다른 차이들이 나타날 수밖에 없습니다.

이를 좀 더 발전시켰던 댄 카한(Dan Kahan)은 문화적 인지, 세계관에 따른 위험인지의 차이를 설명합니다. 문화적 가치에 따라서 특정 위험상황에 대한 집단 반응의 차이가 나타나는 현상을 설명하고 있습니다. 개인의 문화적 소속감에 따라서 기후위기, AI 위험 등에 대한 인식도가 차이가 나는 것을 볼 수가 있습니다.

문화적 가치와 세계관에 따라서 위험인지의 차이가 크며 계층주의, 개인주의, 공동체주의, 평등주의에서의 규제의 높이와 규제 정도의 낮음도 4영역으로 나뉘고 있습니다.

계층적 개인주의에서는 기후변화나 핵무기 확산의 위험도를 낮게 평가하며, 이민자, 총기 규제, AI의 위험도가 낮게 나옵니다. 평등주의적 개인주의에서는 마리화나의 합법화에 대해서 위험도를 낮게 생각합니다. 네덜란드가 예가 될 수 있습니다. 군대 내 동성애에 대해서도 허용 정도가 높은 데 비해, 테러와 AI의 위험은 높게 평가합니다.

계층적 공동체주의에서는 마리화나, 군대 내 동성애에 대해서 위험도가 낮고, 테러와 AI의 위험도에 대해서도 낮습니다. 평등주의적 공동체주의에서는 기후변화, 핵무기에 대한 위험도가 높고, 이민자, 총기 규제는 낮으며, AI의 위험도는 높습니다.

왜 이런 결과가 나왔을까요. 기후위기, 총기 위험 등이 사회적 문제로 알려져 있는데도 불구하고 자신이 속한 계층과 문화적인 인식의 차이에 따라서 위험에 대한 인지 정도가 다르기에 무인 자동차의 자율주행에서 나타날 수 있는 위험도에 대한 인식의 차이가 나타날 수밖에 없습니다.

윤리적으로 우리가 생각하는 사회적인 규범을 일반적으로 도덕규칙으로 볼 수 있습니다. 이러한 도덕규칙을 인공지능 로봇에게 어떻게 적용할 것인가 그리고 어떻게 문화적 인지, 세계관에 따른 차이를 고려하여 적용할 것인가가 중요한 과제가 되고 있습니다.

로봇의 도덕을 구현하기 위해서 도덕규칙을 선택할 때, 사회 구성간의 합의 가능성이 높고 갈등을 최소화할 수 있는 가장 기본적인 사회규범을 선택한다고 한다면 문화적인 격자성이나 집단성에 따라서 차이가 있듯이, 각 문화적인 특수성에 따라서도 차이가 나타납니다.

도덕적으로 행동하는 로봇을 설계하려면 무엇부터 결정해야 할까?

- **도덕규칙 적용**

  *주의할 점
  '비도덕적(immoral)' 행위와 '무도덕적(amoral)' 행위의 구분
  '무도덕적(amoral)' 행위 —소화가 안되는 타인의 등을 두드리는 행위
  에스키모인들의 풍장- 돌아가신 부모의 사체를 들판에 버려두고 비
  나 바람에 맞혀 자연적으로 소멸하게 함

출처 : 대원사 티벳박물관

  티베트인들의 조장- 돌아가신 부모의 사체를 조각내어 새들의 먹이
  로 먹도록 함
  '도덕적', '비도덕적', '무도덕적'의 구분이 '행위'의 종류 뿐만 아니라
  때론 환경과 맥락에 따라 달라짐

첫 번째, 도덕규칙을 적용할 때 우리가 도덕이라고 이야기하는 도덕과 비도덕, 무도덕이 있을 겁니다. 우리가 소화를 돕기 위해 타인의 등을 두드려 주는 행위는 도덕과 비도덕하고 상관없는 무도덕적 행위입니다.

그러면 다음 예시를 한 번 상상해 보십시오. 한국인의 경우 가족이 사망을 하였을 때, 장례를 어떻게 치를까요. 예를 들어서 가족의 시신을 들판에 두어 비바람이 알아서 자연이 부패하도록 내버려 두는 풍장을 하거나 새나 짐승을 먹이로 가족의 시체를 주는 조장을 했을 때 대부분의 한국 사람들은 이를 매우 비도덕적으로 인식하고, 행해서는 안되는 행위라고 생각할 것입니다.

그렇지만 문화권마다 이러한 장례 방식은 비도덕적 행위가 아니라 무도덕적 행위가 됩니다. 에스키모인들의 경우에는 풍장이 일반화되어 있습니다. 너무나 추운 곳이어서 땅을 파서 시신을 묻을 수 없을 뿐만 아니라 묻었을 경우 수천 년간 보존이 됩니다. 바람도 거세어서 화장을 하기도 곤란합니다. 그래서 풍장을 하여 자연적으로 소멸하게 되는

장례 방식을 취합니다.

티베트 같은 고산지대는 땅이 파지지도 않을 뿐만 아니라 매우 건조한 날씨이기 때문에 수천 년 동안 보존이 됩니다. 따라서 티베트인들이 장례 풍습은 조장입니다. 돌아가신 분들의 시신을 조각내서 새들의 먹이로 주는데 얼마나 빠른시간 안에 새들이 시신을 깨끗이 먹는가에 따라서도 "고인이 잘 사셨구나"라고 생각합니다. 실질적으로 도덕규칙을 적용해야 할 때, 환경이라는 맥락도 고려하여 판단되어야 합니다.

인공지능의 도덕규칙 적용사례

첫 번째는 우리나라의 김종욱 교수 연구팀과 로보틱스 연구실의 변순영 교수, 사물교육대학교에서 합작으로 만든 인공지능시스템의 하향식과 상향식의 접근 방법을 통한 도덕규칙 적용입니다. 문화적인 사회적 규모, 공리주의와 의무론을 합쳐서 도덕규칙을 적용하는 사례입니다.

하향식 설계 방법은 벤담과 밀의 공리주의적 이론과 의무론을 결합해 구현한 것입니다. 예를 들어서 충치가 있는 여자아이가 로봇에게 과자를 달라고 요청합니다. 이 로봇은 로봇 3원칙에 따라 인간의 명령을 따르지만, 공리주의와 의무론을 적용해야 합니다.

두 가지가 겹쳤을 때, 어떤 행동을 선택할까요. 단순히 생각하면 명령을 받았으니, 과자를 주는 것이 정상이겠지만 생각하는 로봇이기에, 자율적인 의사결정을 하고 도덕규칙을 적용하게 됩니다. 하향식 접근 방법에선 로봇은 이런 생각을 하게 됩니다. '단순하게 여자아이의 명령을 따를 것인가 아니면 아이를 설득해서 다른 제품을 권장할 것인가 아니면 아이에게 다른 행동을 취할 수 있도록 여러 가지 방법을 취할 것인가 등 세 가지의 생각들을 하게 되고 어떤 결과가 나올 것인지를 생각하게 됩니다.

최종적으로 본인이 인공지능이고, 인간의 명령을 따라야 하지만, 명령을 따르면 인간에게 해를 입히는 상황이 되기 때문에, 아이의 충치를 증가시키는 과자를 제공하는 것이 아니라 설득해서 다른 물품을 제공하는 방법으로 결과가 나올 수 있는 도덕규칙을 적용하는 것을 하향식 접근 방법이라고 할 수가 있습니다.

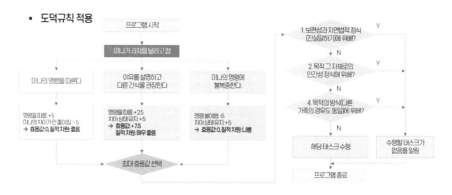

상향식 접근법은 인공지능 로봇의 지적 성장과 연결되어 있습니다. 콜버그의 인습 이전 수준에서 보면 1수준 대략 10세 정도에 아이를 구현하는 정도를 이야기할 수 있습니다. 10세 아이의 지능으로서 복종할 것인지 아니면 거부할 것인지 윤리적인 평가를 하는 AI의 행동들이 개발되는 것을 예상할 수가 있습니다.

상향식 접근 방법은 성장하는 인공지능 어린아이라고 생각하면 됩니다. 10세 수준의 아이는 "너 그거 먹으면 충치 걸리니까 안돼!"라고 이야기하는 왜 불복종하는지에 대한 이유를 설명하는 정도입니다. 만약에 성장한 어른형 인공지능이라고 한다면 아이를 설득하는 다른 방법을 사용한다든지, 다른 더 맛있는 것을 선택하도록 유도하는 흥미로운 말을 사용하여 설득하는 아이의 심리적인 상황까지도 고려한 행동을 취합니다. 즉 성인 수준 인공지능은 윤리적인 판단을 이야기하기 위해서는 무엇이 선이고, 악이며, 아름답고, 추한지와 같은 인간의 가치관이나 일반 상식, 역사나 문화적인 지식, 특정 분야에 대한 지식, 예술적인 심미안, 대인관계와 에티켓들, 주변 상황에 대한 인식들을 소프트웨어로 구현할 수 있게 됩니다.

상향식의 로봇으로 발전하는 과정을 '인공적 도덕행위자(Artificial Moral Agent: AMA)' 드론을 가지고 도덕성 유형의 특징을 설명해 보겠습니다.

제1유형은 '명령의 무조건적인 적용'입니다. AI를 운영하는 사람이 드론에게 일정 부분에 대해서 촬영하라고 명령한다면 여기에 반대하지 않고 수행하는 것이 1단계 1유형입니다.

제2유형은 어떤 지역의 촬영 금지에 대해서 상이나 벌 등 법적 규제가 있을 시 반자율적인 AI의 운용이 가능한 경우입니다. 이때, 기존의 촬영에 대해 삭제 또는 배제한 후 다시 촬영을 진행하였을 때 삭제했던 부분을 스스로 촬영하지 않는 것이 2단계 2유형입니다.

제3유형은 '사회적인 규약을 준수'하는 겁니다. AI 운용자가 특정 촬영 금지구역이라는 팻말이 있다든지, 불법 촬영이라는 기준이 있는 경우에 사진을 촬영하라고 명령하더라도 인공지능이 스스로 자율적인 의사결정을 통해서 촬영 금지구역에서의 촬영이나 허가받지 않는 촬영을 하지 않는다는 겁니다.

AI 기능의 발달은 다음과 같은 결과로 나타나고 있습니다. 2017년

1월 12일 로봇을 '전자인간(electronic personhood)'이라고 인정하는 결의안이 유럽의회에서 의결되었습니다. 로봇에게도 인격체로서의 권리를 부여하기 시작한 것입니다. 유럽의 로봇 산업협회는 로봇에게 로봇 노동자로서 로봇세의 의무를 부여합니다.

도덕적으로 행동하는 로봇을 설계하려면 무엇부터 결정해야 할까?

- **'의무론'의 적용**
  - 살인하지 말라, 약속을 지켜라 등 그 결과가 이득을 가져오지 않더라도 그 자체로 도덕적 행위로 평가

  *주의할 점
  만약 이들 여러 도덕 규칙이 충돌할 때 어느 규칙을 따라야 하는가?
  예) 응급환자를 구하려는 로봇이 차가 필요할 때
  차에 탄 사람을 빼내고 차를 훔치는 것이 정당화될까?
  '생명을 구해야 한다 ' 는 의무와 '남의 물건을 훔치면 안된다 '
  는 의무 간의 갈등에서 어떻게 선택해야 할까?

도덕적으로 행동하는 로봇을 설계하기 위한 의무론의 적용사례와 딜레마를 살펴보겠습니다. 의무론에서 '살인하지 말라, 남의 물건을 훔치지 말라, 약속을 지켜라' 등은 지구상의 모든 문화권에서 동일한 내용입니다. 만약에 이 두 가지의 의무론들이 동시에 충돌된다고 했을 경우 어떤 선택을 해야지 도덕적으로 올바른 행위로 평가될 수 있을까요.

첫 번째 사례로 위급한 응급 환자가 있고, 이 응급 환자를 구하려는 로봇은 차량이 없습니다. 그래서 응급 환자를 구출하기 위해서 차에 탄 사람을 빼내고 차량을 탈취합니다. 응급 환자를 이송하는 것이 정당화될 수 있을까요. 어떤 의무가 충돌되고 있습니까. 생명을 구해야 한다는 의무와 남의 물건을 훔치면 안 된다는 의무 간에 갈등이 나타

납니다. 이때 인공지능 로봇은 무엇을 선택해야 합니까?

추가적으로 상황을 더 설정해서 응급 차량을 운행 중인 인공로봇이 있습니다. 현재 탑승환자가 매우 위급한 상황이고, 빠른 시간안에 병원으로 이송해야 합니다. 그런데 지금 도로가 매우 정체되어 있는 상태입니다. 앞에는 많은 차량이 있고, 인공지능 로봇은 교통법규를 준수해야 한다는 것이 기본적인 의무사항입니다. 이 인공지능 로봇은 앞에 있는 차량들과의 충돌을 감내하고 응급환자를 병원으로 후송하는 것을 선택해야 할까요, 아니면 교통법규를 준수해야 할까요. 이에 대한 선택은 쉽게 판단될 수 있습니다.

좀 더 깊이 있게 예를 들어 보겠습니다. 인공지능 로봇 의사가 교통사고 현장에 와 있습니다. 사람들이 과다 출혈의 증상을 보이고 있습니다. 그들 중에는 인공호흡기를 부착해서 우선적으로 선택해서 살려야 되는다수의 사람이 있지만, 인공호흡기의 수가 부족합니다. 모든 사람의 생명은 귀중합니다. 누구를 선택해서 살려야 될까요. 그리고 만약 그들 중에 생명이 거의 다해 가는 수준의 사람이 있고 이 사람의 인공호흡기를 떼서, 인공호흡기가 필요로 하는 사람에게 건네준다고 할 때, 아직 생명이 다하지 않는 사람의 인공호흡기를 떼서 다른 사람의 생명을 위해서 인공호흡기를 전달한다면 인공지능 의사는 법적 책임에서 안전할까요. 법적인 준수 사항을 위배한 걸까요. 인공지능 의사의 판단에 대한 논란이 나타날 수밖에 없습니다.

이처럼 의무론을 적용했을 경우에도 인공지능 로봇이 결정하는 부분에서 상당히 많은 고려할 점들을 찾아볼 수가 있습니다. 원칙적으로 의무론을 적용했을 때 기준을 세우고, 규칙의 집합을 만들고, 적용에서 어떤 규칙이 어느 규칙에 우선 하는지에 대해 순서를 정해야 합니다.

예를 들어 사람을 살려야 된다는 규칙에서 상위의 규칙 기준과 순서를 정하는 것이 고려해야 할 사항입니다.

도덕적 로봇을 만드는 부분에서 최대 다수의 최대 행복이라는 공리주의를 적용에서도 고려해야 할 점은 다음과 같습니다.

도덕적으로 행동하는 로봇을 설계하려면 무엇부터 결정해야 할까?

- '공리주의'의 적용

  어떤 행동을 할 때 그에 따른 행복 또는 복지의 총량이 최대화될 때 그 행동이 가장 윤리적

  * 주의할 점

  행복과 복지의 총량을 어떻게 계산해야 하는가?

  동일한 사안이라 할지라도 개개인이 느끼는 질과 양의 차이가 큼

  예1) 개개인이 처한 상황 차이, 개개인의 성향 차이, 피자 3조각 충분 또는 불충분

  예2) 행복을 선택할 때 현재 시점을 기준으로 숙고해야 하는가? 아니면 미래 시점을 기준으로 삼아야 하는가?

인간의 행복과 복지라는 총량을 계산할 때, 인공지능 로봇이 데이터를 축적할 때 개인적 차이와 문화적 차이가 상당히 있을 수 있습니다. 개인 차이뿐만 아니라 개인이 처한 상황에 따라서 달라질 수가 있습니다. 피자 3조각은 배고픈 사람에게는 부족한 양일 수가 있지만, 배가 고프지 않은 사람일 경우에는 3조각이면 이미 충분하고, 포만감을 느낄 수 있습니다. 또 어린아이나 노인의 경우 3조각이 충분하고 넘칠 수도 있고, 운동선수의 경우 피자 한 판도 먹겠는데 3조각은 적다며 부족함을 호소할 수도 있습니다. 개인이 처한 상황이나 개인적 차이에 따라서도 피자 3조각은 충분 또는 불충분으로 나뉘기에 만족 총량을 개산하는 것은 매우 어려운 일입니다.

행복에 대한 사람들의 기준은 각양각색입니다. 행복을 현재적 기준

에서 찾아볼 수도 있는 거지만 미래 시점을 기준으로 찾는 사람도 있습니다. 복지를 이야기할 때도 마찬가지입니다. 어떤 사람은 기본적인 의식주만 해결하게 하면 복지가 이루어졌다고 봅니다. 반면, 어떤 사람은 한 달에 한 번 정도 영화관에 가야 한다, 일 년에 몇 번 이상은 뮤지컬을 관람해야 한다, 일 년에 한두 번의 국내외 여행을 해야 한다 등 최소한의 문화적인 삶의 영위가 이루어져야만 복지가 이루어졌다고 생각합니다.

그러면 어느 기준에서 행복과 복지의 기준을 정해야 할지 곤란하게 됩니다. 공리주의를 적용한다는 원칙이지만, 문화권에 따른 행복과 복지에 대한 기준이나, 개인 차이와 사회적인 기대 수준의 차이에 따라서도 상당히 다르게 적용되기 때문입니다.

이처럼 도덕적 로봇을 만들 때 데이터에서 고려할 사항이 많습니다. 우리가 도덕적 로봇을 이야기할 때, 데이터뿐만 아니라 인공지능을 만드는 설계자나 제작자, 사용자가 인공지능에 대해서 무엇을 조심해야 할지도 상당히 사회적 이슈가 되고 있습니다.

설계자, 제작자, 사용자는 인공지능에 대해 무엇을 조심해야 할까?

- '생성적 적대 신경망'(Generative Adversarial Network; GAN)

  가짜를 만들어 내는 생성망과 이를 구별해내는 판별망이 대결하면서 점점 더 실제와 같은 이미지나 소리를 만듦

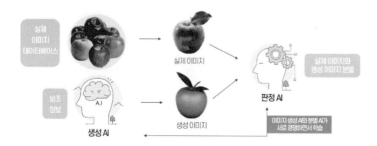

많은 가짜 정보가 범람합니다. 인공지능 기술이 발달되면서 누구나 쉽게 가짜 영상이나 목소리를 만들어서 뉴스뿐만 아니라 일상에서도 사실과 거짓의 관계가 모호한 경우가 있습니다. 딥페이크(deepfake) 현상이 대표적인데 진짜 정보와 가짜 정보를 구별하기 위해 가짜 영상을 판별하는 노력을 기울여야 합니다.

' 생성적 적대 신경망 ' (Generative Adversarial Network; GAN)

가짜를 만들어 내는 생성망과 이를 구별해내는 판별망이 대결하면서 점점 더 실제와 같은 이미지나 소리를 만듦

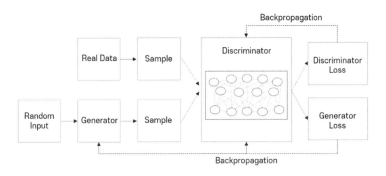

반고흐 "별이 빛나는 밤에" 그림   미국 스탠퍼드대 사진   AI의 합성 그림

출처 : 독일 튀빙겐대

생성적 적대 신경망(Generative Adversarial Network; GAN)의 딥러닝 기술로 실제적인 원본과 가본의 구별이 어려울 수 있기에 사전에 가본임을 밝히거나 가본을 인식할 수 있는 프로그램을 만드는 것도 고려 대상입니다.

이처럼 도덕적 로봇을 만들 때, 개인정보뿐만 아니라 개인의 프라이버시까지도 침해할 수 있는 윤리적 문제와 저작권 문제 등이 연결될 수 있에 고려해야할 여러 사항들이 있습니다.

제4장 디지털 시대의
정보와 시민

1. 디지털 시대의 정보와 시민 : 디지털 리터러시, 집단사고

디지털 시대 정보와 시민

- **디지털 시대**

    - 네트워크사회로 사람과 사람, 사람과 정보, 사람과 사물, 사물과 사물간의 연결이 가속화됨

    - 연결의 복잡성이 커질수록 알고리즘의 필요성이 커지고 그 영향력이 확대됨

- **시민주의 능력의 중요성이 강화됨**

    - 디지털 리터러시(digital literacy)의 필요성 증대

    - 사이버 공동체에서 집단의 활동이 긍정적일 경우 - 집단지성, 부정적일 경우 - 집단사고

    집단지성은 개인이 상호협력과 경쟁을 통해 얻는 지적 능력의 총합과 질적으로 향상 수준의 지식 창출이
    일반적 개인 수준의 취약점을 극복하고, 특정 전문가나 연구자, 관련 조직의 지식 생산 수준보다
    더 우수한 차원에 도달하는 현상

디지털 시대의 정보와 시민 그리고 디지털 문화의 문제점과 극복 방안

    디지털 시대는 네트워크 사회로의 전환은 사람과 사람, 사람과 정보, 사람과 사물, 사물과 사물 간의 연결이 가속화된 사회입니다. 인간과 사물, 사물과 사물 간의 연결 복잡성이 커질수록 영향력도 확대되고

있는 시대입니다.

이러한 디지털 사회 속에서 시민들에겐 올바른 정보와 그렇지 못한 정보를 파악하는 능력이 매우 중요하다고 생각될 수밖에 없는 시대라고 할 수 있습니다. 디지털 리터러시로 표현되는, 문해력은 디지털에서 나타나는 정보, 데이터를 정확히 파악하는 능력으로 우리의 일상생활에서 사이버 공동체에서의 활동 과정에서 중요시되고 있습니다.

사이버 공동체에서의 집단활동이 긍정적일 경우는 집단지성이 이루어지며, 기후위기에 대한 대응 활동, 일부 저개발 국가의 아동 노동에 대한 반대 등 청소년을 보호 프로그램 옹호 등 국가와 NGO 활동을 넘어서서 총체적으로 인류 공동의 발전을 위한 활동에 동참합니다.

사이버 공동체의 집단활동이 부정적으로 나타나는 경우에 대해 어빙 제니스(Irving Janis)라는 심리학자는 그의 저서인 「집단사고에 의한 희생들(Victims of Groupthink)」에서 집단사고의 발생을 설명합니다. 집단사고는 집단이 외부와의 접촉으로부터 고립되어 있거나, 특정 집단으로의 특징이 고조될 때, 외부로부터의 집단에 대한 위협 강력하여 구성원들의 스트레스가 고조될 경우 집단사고가 발생할 수 있습니다.

집단사고(Groupthink)란 1972년 미국의 사회 심리학자 어빙 재니스(Irving Janis)에 의해 "응집력이 높은 집단의 사람들은 만장일치를 추진하기 위해 노력하며, 다른 사람들이 내놓은 생각들을 뒤엎지 않으려 하는 일종의 상태"로 규정 집단사고가 일어나는 동안에선 반대자들을 바보로 보기도 하며, 혹은 조직내의 다른 사람들을 당황하게 하거나 화를 냄.

클라크 맥콜리(Clark McCauley)은 집단사고의 발생 조건을 지시적인 의식을 가지든지, 조직원들 간의 사회적인 관념의 동질성이 높을 때, 집단이 외부로부터 고립되어서 충분한 정보가 들어가지 못할 때 집단사고가 나타날 수 있다고 이야기합니다.

집단사고 발생의 원인 및 환경적 조건	집단사고의 증상

1. 재니스의 집단사고의 발생 원인
  • 집단이 외부로부터 고립되어 충분한 토의가 이뤄질 수 없는 경우
  • 외부로부터 위험이 임박하여 구성원의 스트레스가 고조될 때
2. 사회 심리학자인 클라크 맥콜(Clark McCaul)의 집단사고 발생의 환경적 조건
  • 지시적인 리더십
  • 조직원들의 사회적 배경과 관념의 동질성이 높을 때
  • 집단이 외부로부터 고립되어 충분한 토의가 일어날 수 없을 때
	• 무오류 환상
	• 합리화의 환상
	• 도덕성의 환상
	• 적에 대한 상동적인 태도
	• 동조압력
	• 자기검열
	• 만장일치의 환상
	• 자기보호, 집단 초병

집단사고의 증상은 집단의 판단에 대한 믿음을 확신하는 무오류성과 합리화 현상이 나타납니다. '네 말이 맞고, 너도 내 말이 맞고, 우리 다 맞다.' 서로의 말을 긍정하면서 집단의 논점을 합리화합니다. 우리 모두가 다 동의하니까 도덕적으로 완벽하다고 생각하게 됩니다. 그리고 외부의 적에 대해서는 비슷한 태도를 가집니다. 서로 동조하고 있지만, 동조하지 않으면 압력을 받을 수 있는 심리적인 자기 검열이 있습니다. '만장일치가 최고다'라는 인식으로 혼자서 반대하면 엑스맨 이라는 분위기가 조성됩니다. 인터넷상에서 이러한 집단사고가 발생하기도 합니다.

디지털 사회 이전의 집단사고 사례 중 하나가 미국의 피그만(Bay of Pigs) 침공 실패입니다. 일본의 진주만 침공에서와 마찬가지로 미국의 아픈 손가락이 피그만 침공 실패입니다. 피그만 침공은 1961년 케네디 대통령이 CIA를 통해 1500 명의 쿠바 망명자를 도와서 피델 카스트로(Fidel Alejandro Castro Ruz) 쿠바 정부를 전복하고, 미국식의 민주주의 국가를 만들려고 하다가 실패한 사건입니다.

- 미국의 피그스 만 침공 실패

  - 1961년 4월 피델 카스트로의 쿠바 정부를 전복하기 위해 미국이 훈련한 1400명의 쿠바 망명자들이 미군의 도움을 받아 쿠바 남부를 공격하다 실패한 사건

    - 존 F. 케네디는 쿠바의 사회주의 정책이 자신들의 영향력을 줄어들게 할 것으로 보아 CIA의 도움을 받는 쿠바 망명자들이 쿠바를 공격하도록 지원했고, 교수이자 쿠바 혁명 이후 최초의 총리를 맡은 호세 미로 카르도나(José Miró Cardona)가 임시 수장을 담당하면서 쿠바에서 다당제 민주주의가 회복되도록 지원함
    - 이에 1961년 4월 미 중앙정보국(CIA) 주도로 쿠바 망명자 1500여 명을 동원해 쿠바 침공에 나섰지만 미국은 소련의 훈련을 받고 무장한 쿠바군에게 격퇴됨
    - 미군은 불과 사흘 만에 100여 명의 사상자를 내고, 1천여 명이 생포되는 참담한 패배를 맛봄. 카스트로 정부는 1961년 12월 몸값으로 5300만 달러를 받은 뒤에야 당시 사로잡은 1113명을 풀어 줌

    1960년대는 냉전이 극에 도달한 시기였습니다. 북아메리카 대륙 바로 밑에 쿠바라는 공산주의 국가가 만들어진다는 것을 미국은 용납할 수 없었고, 막강한 군사력을 가지고 있다고 확신하던 상황이었습니다. 당시 쿠바의 임시정부 수상이었던 호세 미로 카르도나(José Miró Cardona)를 쿠바 정부의 수상으로 계속 유지하기 위해 CIA가 쿠바 망명자 1500명을 투입하였지만 3일 만에 참담하게도 100여 명이 사망하였고, 1000명 이상이 포로로 잡히게 됩니다. 그리고 미국은 1961년 12월 전쟁포로의 배상금으로 5300만 달러를 내고 무마하게 됩니다. 1961년 8월 체게바라(Ernesto "Che" Guevara)가 케네디에게 보낸 쪽지에는 "침공을 당하기 이전에 쿠바 혁명은 약했으나, 지금은 이전보다 더 강해졌다! 고맙다!"라고 할 정도로 미국의 자존심을 무참히 깨뜨린 사례입니다. 피그만 침공은 당시에 정책을 입안했던 CIA가 막강한 무력을 지닌 미국이 천오백 명을 투입하면 당연히 승리할 거라는 상상에 의한 것이었습니다. 집단사고의 가장 대표적 부정적 사례라고 할 수 있습니

다.

- 챌린저 우주왕복선 폭발 사고 (Space Shuttle Challenger disaster)

  - 1986년 1월 28일에 미국의 챌린저 우주왕복선이 발사 73초 후 고체 연료 추진기
    의 이상으로 폭발 → 탑승하고 있던 7명 전원 희생과 4865억원의 금전적 손실

  - 오른쪽 SRB의 고무 재질로 된 O링(간단히 말해서 고무패킹)이 추운 날씨로 인해 얼어 버려 제 기
    능을 다하지 못했기 때문

  - 발사 전 NASA와의 회의 때, 우주왕복선 고체 로켓 부스터를 설계하고 제작한 모튼 치오콜사의 경
    험 많은 고무 O링 기술자는 발사를 취소하거나 일정을 조정해달라고 몇 번이고 요청하였으며, 매
    우 낮은 온도가 O링을 얼게하여 제 역할을 하지 못할 것이라고 주장

  - 그러나 NASA와 치오콜사의 고위 관리자들은 그의 말을 무시하고 발사를 허가하여 결과적으로
    챌린저 우주왕복선에 장비된 SRB의 O링은 낮은 온도로 인해 탄력성이 부족해져 발사 후 그 틈으
    로 새어 나온 고온, 고압의 연료에 불이 붙음

  - SRB는 발사 후 2분 뒤에 분리되므로 그대로 2분만 버텨주었으면 무사히 발사될 수도 있었으나,
    SRB의 불꽃이 외부연료탱크(ET) 아래쪽에 들어 있는 액체수소 연료로 옮겨 붙으면서 폭발

  - 이로 인해 발생한 고온, 고압의 연기 속에서 챌린저호 본체가 압력을 이기지 못하여 그대로 공중
    분해 되는, 최악의 결과가 발생

집단사고의 두 번째 사례는 1986년 1월 28일 발생한 챌린저 우주
왕복선의 폭발사고입니다. 챌린저의 발사는 민간인이 교사가 처음으로
탑승하였으며, 미국뿐만 아니라 위성으로 전 세계에 실시간으로 동시
방영이 될 정도로 세계인의 관심을 끌었습니다. 그러나 챌린저호가 발
사된 지 정확하게 73초 만에 고체 연료 추진기의 이상으로 공중 폭파
가 됩니다. 사고 원인을 찾아본 결과 우주 왕복선에 장비된 SRB의 O
링(고무패킹)이 낮은 온도로 인해 탄력성이 부족해져 고착이 안되어
발생한 사고였습니다. 쳄린저호의 발사 후 본체와 2분 동안 분리되는
과정에서 SRB의 불꽃이 새어 나와 고온, 고압의 연료탱크에 불이 붙
었고, 불의 열이 본체에 압력을 줘서 본체까지도 폭파하게 된 단순한
문제였습니다.

당시에 O링(고무패킹)을 담당하는 전문가의 생각에 발사 시의 냉각할 온도가 많이 추웠었습니다. 그래서 O링이 2분을 견뎌내지 못할 것 같다고 몇 번씩이나 건의했지만 NASA의 뛰어난 과학자들은 이 정도의 문제 만을 가지고 문제가 발생되지 않을 것이라 확신했습니다. 수학적 연산이나 지구 대기권 등의 문제에서도 충분히 2분을 O링이 버틸 수 있다고 생각하였으며, 기본적인 실험에서 충분히 2분이 가능하였기에 온도의 냉각에 따라서 O링이 문제를 일으키지 않을 거라 예상하였고 이에 담당 전문가의 입장을 받아들이지 않았습니다. 그랬는데 정말 2분을 못 채우고 74초 만에 폭발하게 된 겁니다. 집단사고의 측면 외에도 공학윤리에서도 상당히 많이 인용되는 사례입니다.

이 두 사례에서 당시 미국의 CIA나 NASA 방위청에서 사전에 고려되었음에도 불구하고 '왜 모두가 별거 아니라고 생각했을까'라며, 집단사고의 문제점들을 좀 더 구체적으로 생각하게 되었습니다.

집단사고의 문제점은 모두가 전문가들이고, 그 부분에서 완벽하다고 생각하고, 이 정도면 충분할 거라는 생각이 매우 사소한 부분은 그냥 넘어가게 한다는 것입니다. 문화적인 특수성이나 세계관에 따라서도 지역별로 차이가 있으며, 공동체의 특수성이나 집단성에 따라서도 위험에 대한 인식 차이가 각각 달랐다는 것을 이전에 살펴보았습니다. 디지털 사회에서도 이런 문제가 발생할 수 있다는 것을 볼 수가 있습니다.

디지털 리터러시(Digital Literacy)는 디지털 문해력으로 디지털 기술을 활용해 정보를 탐색하고, 평가하고, 생성하며, 효과적으로 활용하는 능력입니다.

- **디지털 리터러시(digital literacy : 디지털 문해력)**

  - 디지털 플랫폼의 다양한 미디어를 접하면서
    명확한 정보를 찾고, 평가하고, 조합하는 개인의 능력

    첫째, 디지털 정보에 대한 파악 능력입니다. 다양한 정보에 대해서 이해하고 평가하는 활동입니다. 예를 들어 일반적인 표준 체중을 모델들의 체중으로 방송이나 뉴스 등의 매체에서 표현될 때, 스스로 그게 틀리다고 판단하는 능력입니다. 딥페이크(deepfake) 같은 경우에도 가짜 정보인지 진짜 정보인지를 구분할 수 있는 능력도 포함됩니다.

    둘째, 디지털로 읽고, 쓰고, 행동하는 모든 체계 속에서 디지털을 해석하고 활용하는 것도 디지털 리터러시(Digital Literacy)에 포함됩니다. 전통적인 정보 사회에서는 정보 담당자, 전문가가 있습니다. 뉴스 담당자, TV나 매스미디어를 담당하는 전문가가 있고 공유해야 할 정보와 공유하지 않아야 할 정보들을 간추리는 등 정보를 요약하고 정리하면서 정보에 대한 판단 과정을 거칩니다.

    디지털 사회에 들어서면서부터 정보의 공급자와 정보의 사용자가 동

일한 특징이 있기에 정보를 관리하는 부분에서도 상당히 많은 윤리적
인 측면이 포함될 수밖에 없게 됩니다. 정보 생산자도 디지털 윤리가
필요할 뿐만 아니라 정보의 공급자는 정보의 제공뿐만 아니라 관리하
는 사람에게도 실질적인 콘텐츠를 어떻게 공급할 거냐, 아니면 어떻게
관리할 것이냐, 정보에서의 문제점을 어떻게 극복할 것인가라는 윤리
적 측면이 고려되어야 합니다.

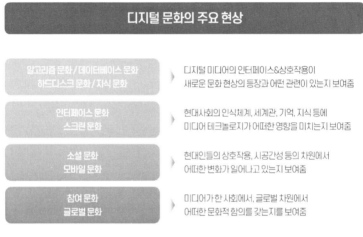

출처 : 이재현, "디지털 문화", 커뮤니케이션북스, 2013

디지털 문화의 주요 현상을 간단히 정리한다면 알고리즘 문화, 데이
터베이스 문화, 인터페이스의 문화, 스크린 문화, 소셜 SNS의 문화, 모
바일 채팅 – 페이스북, 카카오톡 – 문화, 소셜 참여 문화, 글로벌 문화
등 다양한 디지털 문화가 나타나며 디지털 리터러시나 디지털에 대한
어떤 윤리적인 감시 감독이 필요합니다.

2. 디지털 문화의 문제점과 극복 : 인포데믹스, 네카시즘, 네티켓

디지털 문화의 문제점을 표현하는 신조어

1 인포데믹스(Infodemics) - 정보(information)와 전염병(epidemics)의 합성어

- 잘못된 정보나 악성루머 등이 미디어, 인터넷 등을 통해 매우 빠르게 확산되는 현상
- 추측이나 뜬소문이 덧붙여진 부정확한 정보가 인터넷이나 휴대전화를 통해 전염병처럼 빠르게 전파되어 개인의 사생활 침해는 물론 경제, 정치, 안보 등에 치명적인 영향을 미치는 것을 의미한다.
- **인포데믹스의 위험성** sns를 단순 인맥관리나 홍보에 치중해 활용하는 경향으로 SNS 확산에 따라 신상정보의 무분별한 공개나 프라이버시 침해문제가 심각하게 나타나고 있다.

2 네카시즘(netcarthism) - 네티즌(Netizen)과 매카시즘(McCarthyism)의 합성어

- 인터넷상에서 익명으로 어떤 이슈에 대해 무차별적으로 가해지는 '온라인 폭력'
- 마녀사냥이라고 일컬어지기도 한다.

디지털 문화에서 표현하는 인포데믹스(Infodemics), 네카시즘(Necarthyism), 쿼터리즘(Quarterism), 호모 루덴스(Homo Ludens), 노모포비아(nomophobia) 등 신조어 등은 오늘날 디지털 문화의 문제점들을 대표하는 용어들입니다.

인포데믹스(Infodemics)는 정보와 전달의 합성어로 일반적인 정보를 이야기할 때, 정보를 전달하는 과정에서 추측이나 뜬소문 등 사람들이 흥미를 가지는 내용이나 문화권을 비판하거나 조롱하는 것을 의미합니

다. 가짜 정보나 잘못된 정보로 인한 부작용이 많기에 디지털 리터러시가 필요합니다.

인포데믹스는 개인적인 사생활 침해, 불명확한 정보에 대한 유포, 흥미거리를 통해서 상대나 상대 문화권에 치명적인 문제를 초래할 수도 있기에 정보의 전달에서 야기될 수 있는 여러 가지 문제를 추측해 볼 수가 있습니다.

네카시즘(Necarthyism)은 네티즌(Netizen)에 매카시즘(McCarthyism)이 첨가된 합성어로 인터넷상에서 익명의 사용자들이 어떤 이슈에 대해 무차별적으로 가하는 '온라인 폭력'이라 할 수 있습니다. 메카시즘은 1950년대 초반 51년에서 54년까지 미국에 두드러졌던 현상으로 당시에 미국과 소련의 냉전 체제가 심각하여 '적색 공포(Red Scare)'가 만연했었습니다. 공화당 의원이었던 조지프 매카시(Joseph McCarthy)가 당대회에서 '미국 내에서 공산주의자들이 암약하고 있으며, 자신은 그 명단을 갖고 있다'고 주장하며 상당히 많은 공산주의자를 속출하고, 탄압하는 일련의 정치적 행동을 일으켰습니다. 메카시의 폭로는 사실 여부에 관계없이 신문의 헤드라인이 되었으며, 많은 사람들이 동조하였습니다. 네카시즘 역시 네티즌이 '이것은 나쁜 거야'라고 하면서 어떤 사람이나 단체를 집단적으로 혐오하고, 공격하는 '온라인 폭력'을 행하는 것이며, 중세의 마녀사냥과 유사하다고 보면 쉽게 이해할 수가 있을 것입니다.

쿼터리즘(Quarterism)은 네티즌들의 특징 중의 하나라고 볼 수 있을 정도로 디지털 문화를 접하는 사람들이 어떤 일에 오랫동안 집중 못하는 현상을 의미합니다. 영어 단으로 삼십 분에 반을 쿼터라고 이야기합니다. 사람들은 흥미 거리에 열광하지만 15분 이상을 집중하기가 쉽지 않기 때문에 긍정적이나 직관적인 사고를 넘어서서, 생각을 많이 해야 될 사고에 대해서 집중을 잘하지 않는 현상이 나타나며, 정보를 획득하는 능력이 떨어질 수 있음을 의미합니다.

디지털 문화의 문제점을 표현하는 신조어

3 쿼터리즘(quarterism) - 어떤 일에 15분 이상 집중하기 힘든 현상

- 인내심을 잃어버린 청소년의 사고·행동양식을 이르는 말
- 긍정적인 면 - 직관적 사고나 감각적이고 순발력이 요구되는 아이디어를 창 안해 내는 데 유리
  부정적인 면 - 자극에는 즉각 반응하나 금세 관심이 바뀌는 감각적 찰나주의 로 진지하게 접근하고 집중하는 능력의 저하 – 정보 해독 능력의 저하

4 호모 루덴스(homo ludens) - 유희(놀이)하는 인간

- 스마트 기기와 앱, 게임 등에 몰입하는 사람

5 노모포비아(No mobile-phone phobia) - 스마트폰이 없는 공포

- 스마트폰을 사용하지 않으면 변화를 따라가지 못하고 뒤처질 것 같은 불안감

호모 루덴스(Homo Ludens)는 유희(놀이)하는 인간입니다. 인간은 어떻게 삶을 행복하게 사는가? 고대 그리스의 아리스토텔레스 (Aristotle)는 놀이가 인간의 행복이라고도 주장했습니다. 아리스토텔레스는 내가 왜 사는지, 행복한 것은 단지 잘 먹고, 잘 사는 게 아니라 삶의 즐거움을 누리는 놀이임을 강조했습니다. 그와는 다르게 스마트 기기의 게임에 몰입하는 사람을 호모 루덴스(Homo Ludens)라고도 표현하기도 합니다. 일상생활보다는 스마트 기기의 게임에 몰입해서 일상생활을 잘 영위하지 못하는 니트족(Not in Education, Employment or Training, 이하 NEET)을 호모 루덴스의 부작용이라고 표현하기도 합니다.

노모포비아(nomophobia)는 스마트폰이 없는 공포입니다. 일반적인

사람들이 만약에 하루나, 며칠간 스마트폰과의 단절 상태에 직면하고, 스마트폰이 없는 상태에서 일주일의 시간을 보내게 되면 느끼는 현상일 것 같습니다. 대부분은 불안하고 좀 힘듦을 느끼겠지만, 나에게 스마트폰이 없다는 공포심을 느낄 정도로 스마트폰이 나의 일상에 너무나 깊이 연결된 사람들을 이야기할 때 노모포비아(nomophobia)를 이야기하기도 합니다.

네티켓 (Netiquette)

- **통신망(Network) + 예절(Etiquette)**

  - 버지니아 셰어(Virginia Shea) 교수(1994)의 "The Core Rules of Netiquette"(네티켓의 핵심규칙)

  - 통신으로 가상 공간에 접속 했을 때 지켜야 할 예절

  - 인터넷 공간에서 상호 존중하는 분위기를 형성, 다툼을 방지, 피해를 막기 위해 지켜야 할 자율적 규범

  - 한국의 정보통신윤리위원회에선 '네티즌 윤리강령 선포(2000.6.15)

  - 교육부는 '정보통신 윤리 교육 지침(2001)

디지털 문화에서 우리가 지녀야 할 윤리적 행동 중 하나가 네티켓(Netiquette)입니다. 버지니아 셰어(Virginia Shea) 교수는 통신으로 가상공간에 접속했을 때 지켜야 할 예절로 네티켓을 설명하며, 네티켓의 핵심 규칙을 제시합니다. 우리나라도 정보통신위원회에서 2001년에 네티켓(Netiquette)의 윤리강령을 설정하고 교육부도 정보 통신 윤리 교육 지침을 발표합니다. 인터넷 공간에서 상호 존중하는 분위기를 형성하고, 건전한 거래와 활동을 하기 위해서 자발적으로 할 규범을 네티켓이라고 표현합니다.

네티켓 (Netiquette)

네티켓의 핵심규칙 출처: http://www.albion.com/netiquette/corerules.html

제 1원칙. 인간임을 기억하라 (Remember the huma).
제 2원칙. 실제 생활에서 적용되는 것과 똑같은 기준과 행동을 고수하라 (Adhere to the same
　　　　　standards of behavior online that follow in real life).
제 3원칙. 현재 자신이 어떤 곳에 접속해 있는지 그 곳 문화에 어울리게 행동하라 (Know where you
　　　　　are in cyberspace).
제 4원칙. 다른 사람의 시간과 정보를 존중하라 (Respect people's time and bandwidth).
제 5원칙. 온라인상의 당신 자신을 근사하게 만들어라 (Make yourself look good online).
제 6원칙. 전문적인 지식을 공유하라 (Share expert knowledge).
제 7원칙. 논쟁은 절제된 감정 아래 행하라 (Help keep flame wars under control).
제 8원칙. 다른 사람의 사생활을 존중하라 (Respect other people's privacy).
제 9원칙. 당신의 권력을 남용하지 말라 (Don't abuse your power).
제 10원칙. 다른 사람의 실수를 용서하라 (Be forgiving of other people's mistakes).

　　네티켓(Netiquette)의 규칙의 첫 번째는 우리가 디지털 사회의 네티즌으로 활동하지만 '인간임을 기억해야 한다.'입니다. 익명이 보장되고 있는 디지털 사회 속에서 자신의 감정적인 이유로 일방적으로 다른 사람을 비난하는 행동들이 간혹 나올 수가 있는 것을 우려하여 만약에 그 대상이 나의 경우라면 어떨까를 한번 고려하면서 행동하라는 뜻입니다. 자신의 접속하고 있는 문화적인 특수성에 맞게 행동하라는 뜻이기도 합니다.

　　두 번째, 온라인에서 타인의 사생활과 정보를 존중하는 자세를 지녀야 한다는 것입니다. 이러한 예절은 온라인상에서 활동하는 자신을 근사하게 만드는 행위가 됨을 의미합니다. 즉, 네티즌으로서의 기본적인 예의를 지키는 사람이 디지털 시대의 멋진 사람입니다.

　　세 번째, 네티즌의 활동에서 논쟁은 절제된 감정을 통해서 행하는 것입니다. 극단적인 감정적 표현을 자제하고 다른 사람과 전문적인 지식을 공유해야 한다는 것입니다. 당신의 권력을 남용하지 말라는 의미이기도 합니다. 생각이 다른 사람 또는 반대의견을 제시하는 사람에게 동료 집단 사람들과 합심해서 괴롭히는 네티즌 권력 활동을 하지 말고, 다른 사람의 실수도 용서하자는 의미로 네티즌의 핵심 규칙이 되었습니다.

네티켓 (Netiquette)

네티즌 윤리강령

정보통신 환경의 변화에 따라 사이버 공간의 이용이 급증하고 있다. 네티즌은 사이버 공간에서 유익한 정보를 서로 나누고 건전한 인간관계를 형성하며, 다양한 경험을 쌓는다. 또한 사이버 공간을 통해 정보사회의 성숙한 인간으로 성장하며, 인류사회 발전에 기여한다.

사이버 공간의 주체는 네티즌이다. 네티즌은 사이버 공간에서 표현의 자유와 권리를 가지고 있으며, 동시에 의무와 책임도 지니고 있다. 이러한 권리가 존중되지 않고 의무가 이행되지 않을 때 사이버 공간은 무질서와 타락으로 붕괴되고 말 것이다.

이에 사이버 공간을 모두의 행복과 자유, 평등이 실현되는 공간으로 발전시킬 수 있도록 '네티즌 윤리강령'을 제정하고 이를 실천할 것을 다짐한다.

네티즌의 윤리강령은 네티즌이 기본적으로 갖추어야 할 정신입니다. 사이버 공간의 주체는 인간이며, 사이버 공간은 인간의 공간이기 때문에, 공동체적 공간이기에 누구나 평등하게 참여할 수 있는 열린 공간임을 의식해야 합니다. 스스로를 건전하게 가꾸어 나가며, 타인의 인권과 사생활을 존중해야 하고 보호해야 합니다.

네티즌은 건전한 정보를 제공하고, 올바르게 사용하며, 불완전한 정보를 배제하고, 배포하지 않아야 합니다. 타인의 정보를 보호하고, 자신의 정보를 철저히 관리하는 기본적 자세를 갖추어야 합니다. 이는 자신의 정보를 함부로 다른 사람이 도용할 수 있지 않도록 보호하는 노력을 포함합니다. 그리고 비속어, 욕설 등의 언어들은 자제하고, 익명성을 통해 사람들을 비판하고 사생활을 침해하지 않아야 합니다. 바이러스 유포 및 해킹이나 불법적인 행동을 하지 않고, 타인의 지적 재산을 보호하고 존중해야 합니다.

정보 통신 환경의 변화에 따라 사이버 공간의 이용이 급증하고 있기에 네티즌은 사이버 공간의 유익한 정보를 서로 나누고, 건전한 인간관계를 형성하며 다양한 경험을 쌓을 수 있습니다. 사이버 공간의 주체는 네티즌입이다. 네티즌은 사이버 공간에서 표현의 자유와 권리를 가지고 있지만 동시에 의무와 책임도 지니고 있습니다. 이러한 권리가 존중되지 않고 의무가 이행되지 않을 때, 사이버 공간은 무질서와 타락으로 붕괴되고 말 것입니다. 이에 사이버 공간을 모두의 행복과 자유, 평등이 실현되는 공간으로 발전시킬 수 있도록 네티즌은 디지털 이용 시 윤리강령을 지켜야 할 것입니다. 따라서 네티즌은 사이버 공간에 대한 자율적인 감시와 비판을 통해 네티즌의 기본 정신에 위배되는 것을 방지하는 데 적극 참여할 뿐만 아니라, 건전한 네티즌 문화를 조성하도록 노력해야 합니다.

3 디지털 시대의 정보와 윤리: 집단지성, 동조와 복종

디지털 시민성과 윤리

- 사이버 공동체의 집단지성
  - 개방, 참여, 협력, 공유를 추구하는 집단의 능력
- 집단의 영향력이 잘못 사용될 경우
  - 동조, 복종의 문제 발생

집단지성(collective intelligence)은 사이버 공동체의 동조라는 긍정적 사례와 복종과 편향(디지털 편향)이라는 부정적 사례로 이야기할 수가 있습니다. 집단에서 '동조 현상'은 집단의 크기가 클수록, 집단의 일치성이 강할수록, 집단의 정보의 양이나 질이 높을수록 많이 나타납니다. 복종은 집단의 권위나 권력 그리고 집단의 압력이 강력할수록, 권위를 가진 사람이 영향력이 높을수록 복종하게 되는 경우가 있습니다.

알고리즘이 투표행동에 영향을 미칠 수 있다는 연구

- **Epstein & Robertson 연구 (2017)**

  검색결과가 편향되어 있음을 고지하였을 때

  - 조작된 검색 결과가 선호도에 미치는 영향에 차이가 있음
  - 검색결과가 피실험자에게 미치는 영향은 노출된 경고 메시지가 강력할수록 줄어듦

  낮은 경보

  - 검색 후 후보자의 호감도 차이가 줄어듦

  높은 경보

  - 초기 호감도가 검색결과의 반대로 이동함

집단지성, 동조, 복종

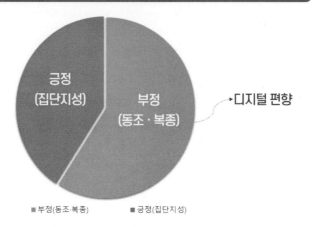

■ 부정(동조·복종)　　　■ 긍정(집단지성)

- **편견과 디지털 편향의 차이점**

  - 편견은 인간 개개인이 자신의 국한된 경험 때문에 가지는 심리적 고정관념

  - 편견은 심리적 상태만으로는 특정한 행동성향을 야기하지 않음 vs 편향은 특정 행동성향을 야기할 수 있음

편견은 어떤 심리적 고정관념이라고 보면, 문제를 초래할 수도 있고, 그렇지 않을 수도 있지만, 편향은 하나의 결과를 만들어 내는 행동이 자동적으로 야기될 수 있기에 문제가 발생할 수 있습니다. 특히 디지털 편향은 알고리즘 편향으로 데이터의 수집, 설계, 계획, 실행 등의 모든 과정에서 발생할 수가 있습니다.

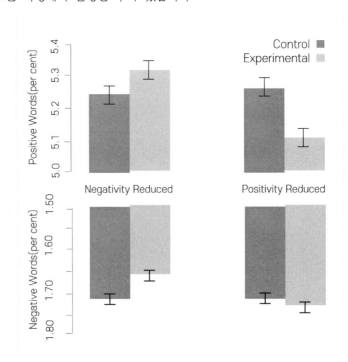

페이스북 크레이머가 실시한 감정전이 실험

디지털 자료들이 일반적인 사람들의 인지적 판단력에 얼마나 영향력을 미칠 수 있는지를 살펴보는 실험이 있었습니다. 2012년 1월 페이스북(Facebook)의 코어데이터 과학팀 연구원이었던 아담 크레이머(Adam Kramer)는 코넬대 소속 연구원 2명과 함께 사회관계망서비스(SNS: Social Networking Services)에서 감정 전이 현상이 일어나는지에 대해 실험하였습니다.

우리가 인터넷에 웹사이트를 열어 검색할 때, 검색창에서 어떤 사안에 대해 매우 긍정적인 평가를 보고 있던 중에 갑자기 긍정적인 평가가 축소되고 상대적으로 부정적인 내용이 증가하는 것을 보면 긍정적인 평가들이 감소하는 현상이 나타나게 됩니다. 또한 어떤 내용에 대해 처음부터 부정적인 내용을 감소하게 하면, 긍정적인 영향력과 긍정적인 평가가 올라가는 증상이 나타납니다.

인터넷 웹상에서의 어떤 사안에 대해 긍정적 평가가 많으면 많을수록 동조 현상이 나타나고, 반면에 부정적인 평가가 많을수록 긍정적인 평가가 지속적으로 감소할 수밖에 없는 현상이 나타난다는 것입니다.

알고리즘이 투표행동에 영향을 미칠 수 있다는 연구

- Epstein & Robertson 연구 (2015)

검색결과의 순서효과   출처 : Epstein, R., Robertson, R. E. (2015)

검색결과의 순서배열만으로도 후보자에 대한 태도가 변함(2015)

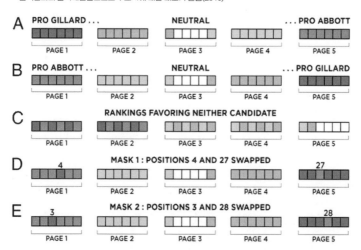

유사한 실험에서도 마찬가지 결과가 나왔습니다. '알고리즘이 투표 행동에 영향을 미칠 수 있는가'라는 연구에서입니다. 2015년에 앱스테인(Epstein)과 로버트슨(Robertson)은 디지털 사회에서 우리가 접하는 여러 가지 웹상에서의 특정 후보의 명칭이나 정보가 지속적으로 나온다면, 특정 후보에 대한 시민의 투표 관심사가 높아진다는 것을 발견합니다. 또한 대중의 인식도가 낮은 후보가 웹의 검색창에서 상당히 많이 등장하게 되면 유명하지 못한 후보 역시 투표율을 높일 수 있다는 결과가 나타났습니다.

알고리즘이 투표행동에 영향을 미칠 수 있다는 연구

- Epstein & Robertson 연구 (2017)

  검색결과가 편향되어 있음을 고지하였을 때
  - 조작된 검색 결과가 선호도에 미치는 영향에 차이가 있음
  - 검색결과가 피실험자에게 미치는 영향은 노출된 경고 메시지가 강력할수록 줄어듦

  낮은 경보
  - 검색 후 후보자의 호감도 차이가 줄어듦

  높은 경보
  - 초기 호감도가 검색결과의 반대로 이동함

앱스테인(Epstein)과 로버트슨(Robertson)은 1차 연구 결과가 투표에 영향을 미쳤는지 안 미쳤는지를 한 번 더 확인하기 위해서 2017년에 2차 연구를 하였습니다. 모든 웹상에서 특정 후보에 대한 정보가 즐겨 찾기에 빈번하게 나타나 투표에 영향을 미쳤다는 사실을 사이버 공간에 알리는 활동을 하게 한 후의 상황입니다. 이 경우 네티즌이 선거에 사이버 조작이 가해졌다는 사실을 어느 정도 인지하게 된다면, 인지함

의 정도에 따라 특정 후보에 대한 초기의 호감도가 변화되는 것을 발견합니다. 즉, 특정 후보에 대한 인지 정도가 낮은 경우에는 약간 떨어지고, 인지 정도가 굉장히 높았을 경우는 오히려 그 후보에 대한 호감도가 완전히 사라지는 결과가 나타났습니다.

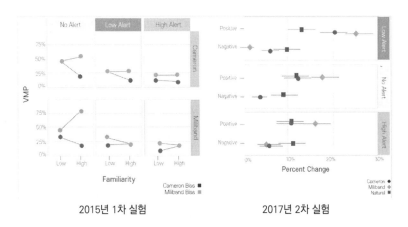

2015년 1차 실험   2017년 2차 실험

이는 알고리즘이 우리의 일상생활뿐만 아니라, 선거의 투표 행동에도 영향을 미칠 수 있다는 연구 결과입니다. 우리는 지금 접하고 있는 웹상의 모든 자료에서 상당히 많은 영향을 받고 있음을 알 수 있습니다.

예를 들어, '배달의 민족에'서 음식을 주문한다고 합시다. 그러면 '배달의 민족' 웹에서 가장 먼저 나오는 첫 번째, 두 번째, 세 번째 항목의 음식점에 많은 사람이 접속하고, 접속도가 높은 음식점의 음식이 맛있을 것이라고 추측하는 경우입니다. 상당히 많은 사람이 가장 윗순위의 광고 또는 가장 많이 접하는 광고에 더 많은 돈을 투자하는 경우가 이러한 이유에 기인한 것입니다.

4. 필터버블, 집단극화, 호모필리, 에코체임버, 만델라 효과 등

필터버블 (Filter bubble)

- **필터버블**

  > 필터버블(filter bubble)은 사용자의 정보(위치, 과거의 클릭 동작, 검색 이력)에 기반한 웹사이트 알고리즘이 선별적으로 어느 정보를 사용자가 보고 싶어하는 지를 추측하며 그 결과 사용자들이 자신의 관점에 동의하지 않는 정보로부터 분리되게 합니다.

필터버블(Filter bubble)은 2011년에 엘리 패리저(Eli Pariser)가 TED연설에서 처음 이야기하면서 등장하였습니다.

필터버블(filter bubble)은 사용자의 정보(위치, 과거의 클릭 동작, 검색 이력)에 기반한 웹사이트 알고리즘이 선별적으로 어느 정보를 사용자가 보고 싶어 하는지를 추측하며 그 결과 사용자들이 자신의 관점에 동의하지 않는 정보로부터 분리되게 합니다. 이는 개인화된 검색 결과를 통해 AI가 효율적으로 사용자가 자신만의 문화적, 이념적 거품에 가두어지는 선택적 인지 현상을 초래할 수 있습니다. 예시를 들면 다음과 같습니다.

A라는 개인은 성향이 매우 진보적인 사람입니다. 주로 진보적인 성향의 내용을 검색합니다. 간혹 보수적인 경향의 이야기나 논점들을 찾

아 어떤 내용이 있는지 확인하는 과정도 즐기는 사람입니다. 그런데 어느 날 새로운 사실을 발견합니다. 자기가 쓰고 있는 웹상이나 유튜브, 인터넷의 즐겨찾기에서 대부분의 내용이 진보적 성향으로 가득 채워진 반면, 어느 순간 보수적인 내용들이 사라져 있는 것을 발견하게 된 것입니다. 그래서 A는 이러한 현상을 통해서 자신뿐만 아니라 다른 사람들의 즐겨찾기 내용 역시 그들의 취향에 따라 인공지능이 웹을 구성하고 있다는 것을 발견하였습니다. 검색자의 취향을 중심으로 스마트폰의 검색엔진이 편향적으로 채워져 있는 현상이 필터버블입니다.

엘리 패리저(Eli Pariser)의 2011년 TED 연설 중 일부 발췌

저는 진보적 정치 성향을 가지고 있습니다. 놀랄 만한 일인가요. 하지만 저는 늘 보수적 성향의 사람들을 만나려고 노력했습니다.
저는 그들이 생각하는 바를 경청하기 좋아합니다. 저는 그들이 연관되어 있는 것을 확인하기 좋아합니다. 저는 이것 저것 배우는 것을 좋아합니다.
어느 날 보수주의자들이 제 페이스북 피드에서 사라졌다는 것을 알았을 때 깜짝 놀랐습니다. 페이스북이 제가 어떤 링크를 클릭하는지 살펴보고 있었고, 실제로 제가 보수적 성향의 친구들 보다 진보적 성향을 가진 친구들의 링크를 더 많이 클릭했다는 것을 나타내는 것이었죠.
그리고 제 의견을 묻지도 않고 페이스북은 그것을 편집해 버렸습니다.

즉, 어느 순간 내가 좋아하는 취향에 맞추어 내 주변의 모든 정보가 선택적으로 채워져 있고, 나와 반대되는 성향은 나의 정보 속에서 차단되어 있다는 사실을 발견했다는 것입니다.

필터버블(Filter bubble)이라는 개인 맞춤형 알고리즘에 의해서 정보가 편향되는 현상을 통해 누구나 개인정보의 선택적 노출 과정을 거치게 됩니다. 본인이 좋아하는 취향에 따라서 페이스북, 유튜브, 웹사이트의 접속이라는 선택적 노출이 지속적으로 이루어지면 어느 순간 나의 취향과 관련된 정보들만 모집되는 상황이 초래되며, 내가 관심을 기울이지 않는 영역의 정보가 차단되는 상황으로 전개된다는 것입니다. 그리고 추천되는 정보 또한 나에게 맞춤형 정보들로만 나타나게 되는 필터버블 현상으로 인해 정보의 편향적 소비가 이루어지고 됩니다.

그러다 보면 자기도 모르게 무의식적으로 심리학적인 개인적 선유현상 즉, 내가 익숙한 나의 논리와 또 나의 생각들과 연결되는 사람들과 유사한 의견을 확인함으로서 오히려 심리적 안정을 갖는 개인적 선유현상이 점점 확대되게 됩니다. 특히, 정치적인 커뮤니케이션 등에서 같은 정보를 공유하는 사람들끼리의 모임이 이루어지고, 다른 관점을 가지고 있는 사람들과의 정보 공유가 줄어드는 집단극화(Group polarization)가 이루어집니다.

집단극화(Group polarization)

- **집단극화**

  - 집단 내의 토론 과정에서 구성원들이 보다 극단적 주장을 지지하게 되는 사회심리학 현상

  - 온라인 활동 중 이질적 커뮤니케이션에 대해 이해와 관용의 폭을 넓히기 보다 선유경향을 강화하는 편협한 인지 정교화가 유발된 경우

  - 토론이나 정보교류를 할수록 점점 더 한쪽 방향(예, 진보 또는 보수)으로 집단의 평균값이 이동하는 현상

만약, 자신이 보수적 경향을 지닌 사람이라면 주변에는 보수적 경향의 사람들이 모여들게 되고, 진보적 성향의 사람들 의견이 차단되며, 진보적 사람이 어떤 의견을 지니는지 알 수 없는 상황이 전개됩니다. 마찬가지로 만약에 자신이 진보적인 사람이라면 진보적 사람들이 나의 주변에 있고, 보수적인 경향을 지닌 사람의 정보는 없는 현상이 나타

나게 됩니다.

필터버블 현상의 부작용 중의 하나로 유사집단 간의 상호작용에서 동조화가 크게 확산되는 집단극화(Group polarization)가 일어날 수 있습니다.

집단극화(Group polarization)는 집단의 구성원들이 토론 과정에서 극단적인 주장을 지지하며, 그 주장에 따르는 현상입니다. 사회심리학적 현상이라고 하는 집단극화는 일정 정도 나의 생각과 같은 사람들과 의견을 같이하다 보면 특히 선거의 막바지라든지, 특정 시기에는 소속 집단과 전혀 다른 의견을 가진 사람을 이물질의 침입과 같은 것으로 인식하게 되는 방어 체계가 형성됩니다.

집단극화(Group polarization)는 온라인 커뮤니케이션에서 다른 의견을 가진 사람에 대한 배척하는 현상으로 나타날 때도 있고, 특정한 성향의 사람들로만 구성된 집단을 형성하여 토론이나 정보의 교류를 하는 것으로 나타나기도 합니다. 진보집단과 진보집단과의 집단극화가 이루어지고, 보수집단은 보수집단과의 집단극화가 이루어지기 때문에, 진보집단에서 보수집단으로의 이동이 불가능하고, 보수집단에서 진보집단으로의 이동이 거의 불가능합니다. 실제로 일정 정도의 필터버블 현상이 지속되다 보면, 어느 순간 특정 집단에 완전히 소속돼서 다른 집단의 의견을 무시하거나 배제하는 현상이 나타나는 특징이 있습니다.

호모필리 (Homophily principle)

- 호모필리(homophily principle) : 사회적 지위나 직업, 성향이 비슷한 사람들이 상호작용함

  사회적 호모필리 사회인구학적으로 유사한(성별, 경제력, 학력) 일수록 서로 친근감

  가치적 호모필리 신념이나 가치 중심

- 디지털 공간에서 호모필리
  1. 온라인 환경에선 탈개인화 특성으로 인해 사회인구학적 특성 확인 어려움
  2. 개인의 관심분야의 호모필리
  3. 신념을 중심으로 한 호모필리

호모필리 현상(Homophily principle)은 사회적인 지위나 직업 상황이 비슷한 사람들이 상호작용하는 것을 이야기합니다. 예를 든다면, 초등학교 6학년 아이라는 초등학교 6학년 아이들의 집단과 어울리고, 경상도 사람은 경상도 사람의 집단과 전라도 사람은 전라도 사람들의 집단과 어울리는 현상입니다. 컴퓨터 관련 종사자라면 컴퓨터 관련 종사자와, 예술가 집단은 예술가 집단과, 음악가는 음악가와, 학자는 학자와, 공무원은 공무원과, 상인은 상인과, 육체노동자는 육체노동자와 직업에 따라 상호작용하는 현상입니다.

호모필리 현상(Homophily principle)은 사회인구학적으로 유사한 사람들끼리 모이는 현상으로 사회적 지위나 경제적 지위 외에도 성별, 학력, 신념 그리고 문화적 취향 등이 유사할수록 서로 친근감을 느끼게 되는 현상이기도 합니다.

디지털 공간에서 호모필리(Homophily)는 어떻게 이루어질까요. 익명성이 보장된 온라인 환경에선 탈개인화된 특성 때문에, 성별, 나이 등 인구학적 특성을 확인하기 어렵습니다. 남자인지, 여자인지, 청년인지,

노인인지, 연령대(20대 30대 40대 50대)를 밝히지 않고 충분히 어울릴 수도 있습니다.

디지털 공간에서 호모필리(Homophily)는 사회인구학적 특성은 나타나지 않지만 관심 분야의 호모필리는 나타납니다. 와인을 좋아하는 사람, 등산을 좋아하는 사람, 드론과 관련된 취미 활동을 좋아하는 사람, 정치적 신념이 유사한 사람(진보주의, 보수주의 신념 등)을 중심으로 호모필리 현상이 두드러집니다.

에코 체임버와 필터버블의 차이

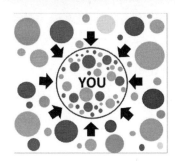

에코 체임버 와 필터버블의 차이점

- 에코 체임버는 사용자가 제공된 정보를 스스로 선별하여 선택적으로 차단함
- 필터버블은 사용자의 관심사가 아니거나, 사용자의 관점에 부합하지 않는 정보는 정보의 제공단계에서부터 알고리즘에 의해 원천적으로 차단해짐

에코체임버(Echo Chamber) 현상은 필터버블(Filter bubble)과는 다르게 자신이 직접 관심있는 영역의 정보만을 취득하고, 그 영역에 대한 정보를 찾아나가는 것입니다. 필터버블이 나의 의지하는 상관없이 인공지능에 의해서 나에게 적합한 정보를 필터링해서 나에게 정보가 전달된다고 한다면, 에코체임버는 내가 정보를 필터링하는 것입니다.

예시를 들면, '나는 화장품과 관련된 직업에 종사하고 있기에, 여성의 미 아름다움, 남성의 미 건강함 등의 정보들을 상당히 많이 애용한다.' '나는 교육 사업에 종사하고 있기에, 교육과 관련된 여러 가지 정보들을 원한다.' '나는 컴퓨터게임 기계와 관련된 정보들을 원한다.' 등 자신이 원하는 취향이나 관심 영역에 따라서 정보를 취합하는 것을 에코체임버(Echo Chamber) 현상이라고 할 수가 있습니다.

에코체임버와 필터버블의 차이점을 정리한다면, 에코체임버는 사용자가 정보를 스스로 선별해서 선택적으로 자기가 가지는 것이라면, 필터버블은 사용자의 관심사가 선택적으로 노출됨에 따라 사용자의 의지와는 상관없이 인공지능이 취합해서 사용자의 관점에 부합하는 관심 영역에 한한 정보만을 제공하는 것입니다.

에코체임버(Echo Chamber)에서 스스로 정보를 선택하고 취득하는 과정이 지나치게 강화될 때, 자신의 견해에 도움이 되는 정보만을 취득하는 확증편향의 상태가 나타날 수도 있습니다. 그리고 자신의 성향과 반대되는 정보를 보고 싶지 않거나, 반대 정보들을 배척하거나, 신경 쓰지 않고, 외면하는 현상도 나타납니다. 필터버블(Filter bubble)의 경우는 자신의 의지와 상관없이 비관심 영역 정보들이 자신의 주변에서 사라지게 됩니다.

자신의 SNS를 비롯한 모든 웹상에서 자신이 원하는 정보들로만 선택적으로 집중하여 연결하는 에코체임버 현상이 나타날 때, 자신의 세계관과 가치관에 일치하는 사람들만이 자신의 주변으로 모이게 되고, 그렇지 않은 집단에 대한 이해와 포용 등이 나타나기 어렵게 됩니다.

예를 들어, 가상공간에서 게임만을 좋아하는 사람이 있다면, 게임과 관련되는 내용과 게임에 필요한 것들만이 그의 생활공간에 포함되어 있지 그 외의 일상적인 사회적인 내용들이 전혀 없어 사회적인 면에서 굉장히 고립된 존재가 될 수도 있습니다. 즉, 자신의 주변 세계와 전혀 상관되지 않은 사람과의 교류나 상호작용, 소통이 일어나지 않는 문제점이 나타날 수 있습니다.

만델라 효과 (Mandela Effect)

넬슨 만델라 (1918-2013)

1. 수많은 사람들이 어떤 일리 실제 현실에서 발생하지 않았음에도 불구하고, 실제로 발생 했었다고 동조하고 집단적으로 믿은 상황이 벌어지는 현상

2. 집단 거짓기억 현상: 예) 넬슨 만델라는 1980년대 감옥에서 죽었다고 기억하는 현상

3. 검증되지 않은 사실 또는 추측 혹은 상상이 믿음의 확신으로 집단적으로 확신 되면, 집단의 힘을 얻은 거짓 기억이 그 근거가 되어, 거짓이 사실과 진실을 이기게 되는 현상

• 1993년 노벨평화상 수상, 1994년 남아프리카 공화국 최초 흑인 대통령
• 2013년 12월에 95세를 일기로 사망함

만델라 효과(Mandela effect)는 '거짓 기억 집단 공유(collective false memory) 현상'이라고도 표현되듯이 실제로 일어나지 않는 사인인데도 불구하고 수많은 사람이 모두 다 사실로 믿고 있는 현상입니다. 옛날 속담을 예로 들 때, '서울 한복판에 호랑이가 나타났다'라고 세 사람 이상이 말하면 '서울 한복판에 호랑이가 나타났다'라고 믿는 현상이 '만델라 효과'입니다.

넬슨 만델라(Nelson Rolihlahla Mandela)는 남아프리카 공화국의 초대 대통령이면서 흑인 대통령이었습니다. 그리고 노벨평화상을 받았던 인물이기도 합니다. 그는 평생을 남아프리카 공화국의 민주 발전을 위해 노력했습니다. 민주주의에 의한 투쟁했던 초창기 시절 남아프리카 공화국은 흑인 구역과 백인 구역이 나뉘어져 있을 정도로 흑인에 대한 인종차별이 심각했던 국가였으며, 흑인에 대한 탄압이 가혹했었습니다. 넬슨 만델라는 민주주의 발전을 위해서 젊은 날의 20년 이상을 감옥에서 보냈습니다.

1980년 '수감 중인 넬슨 만델라가 크게 아프다'라는 이야기가 사람들에게 전파된 적이 있었습니다. 만델라가 죽었다고 보도된 것은 아니었지만, 20년 동안 남아프리카 공화국의 지도자로서 감옥에서 굉장히 아프고 힘들어한다는 내용들이 신문에 실렸던 것이 와전되었습니다. 실제로 넬슨 만델라는 1993년에 노벨평화상을 받았고, 2013년 12월 5일 사망하였지만, 1980년 '넬슨 만델라는 죽었다'라는 이야기가 널리 전파되어 많은 사람이 기억하게 되었습니다. 만델라는 살아있는데도 불구하고 집단적으로 죽었다고 인식하는 '집단 거짓 기억 현상'인 만델라 효과가 나타난 것입니다.

사람들이 거짓된 것이 진실이라 여기면서, 정상적인 상황이라고 기억하는 만델라 효과는 디지털 사회 속에서 네티즌에게 잘못된 정보가 한번 각인이 되면, 그 사실이 진짜 사실인 것처럼 오히려 진실이 거짓이고, 거짓이 진실인 것처럼 인식되는 경향으로 나타나기도 합니다. 예를 들어, 인플루엔자(influenza) 중에 돼지감자 인플루엔자(swine influenza)는 용어가 돼지감자였는데, 돼지하고 연관이 있다고 다들 이야기하여, 거짓된 정보가 진실된 정보인 줄 알고 돼지를 기피하는 현상으로 나타나기도 합니다.

디지털 사회의 문제점 중 네티즌이 15분 이상 집중하는 것을 힘들어한다는 현상으로 쿼터리즘(Quarterism)을 설명한 적이 있습니다. 정치학자인 한나 아렌트(Hannah Arendt)는 권력자가 인류를 해치는 명령을 내릴 때, 이에 대한 판단을 하지 않는 인간을 2차 대전 전범자의 사례로 '악의 평범성' 즉, 인간으로서의 사유의 중요성을 설명한 적이 있습니다. 즉, 쿼터리즘의 생각하고, 집중하기를 힘들어하는 현상에서 나타날 문제점과 관련된 사항입니다.

- '악의 평범성(The banality of evil)'

1960년 나치전범 아돌프 아이히만이 약 12년간의 도주 끝에 부에노스 아이레스에서 잡힌 후 1961년 4월 11일 시작된 재판에서 **"자신은 권한이 거의 없는 '배달부'에 불과함. 나는 아무 것도 한 것이 없으며,** 크건 작건 '아돌프 히틀러'나 그 외 어떤 상급자의 지시에 아무것도 덧붙이지 않고 성실히 임무를 수행했을 뿐" 이라고 증언함

| 본명 | Karl Otto Adolf Eichmann 카를오토 아돌프 아이히만 |
| 가명 | Ricardo Klement 리카르도 클레멘트, Otto Eckmann 오토 에크만 |

출처 : 가디언 홈페이지

   2차 세계대전의 전범인 아돌프 아이히만(Adolf Eichmann)의 사진을 보면 매우 평범한 인상입니다. 그는 2차 세계대전이 종식되자마자 전범재판에서 사형을 구형받았는데, 극적으로 도망을 칩니다. 1960년 5월 아르헨티나의 수도 부에노스아이레스에서 체포되기까지 평범한 자동차 수리공으로 살았습니다. 자녀들도 출산하고, 그 자녀들이 결혼도 하고, 너무나 평범한 노년을 보내고 있었습니다. 아이히만은 전범재판에서 사형을 언도할 정도로 아돌프 히틀러(Adolf Hitler)의 충실한 부하였습니다. 아이히만은 당시에 체포되었을 때, '자신은 유대인의 죽음에 대해, 홀로코스트의 권한이 없는 단지 배달부였다'라고 이야기합니다. 자신은 크건 작건 히틀러의 명령과 지시를 따른 임무 수행자였을 뿐이라고 이야기합니다.

   그는 리카르도, 클레멘트, 오토 등 여러 명의 이름을 사용하며 20년 동안 정말 잘 숨어 지냈습니다. 자기 본명도 오토 아돌프 아이히만(Otto Adolf Eichmann)으로 오토 아돌프(Otto Adolf), 아돌프 아이히만(Adolf Eichmann)으로 불린 그는 유대인의 추방, 수송, 학살의 최고 위급 전문가였습니다. 유대인 문제와 철수를 감독하는 "RSHA 하위 부서 4-D4" (RSHA Referat IV D4)의 책임자로 1939년 12월 19일 임명된 아돌프 아이히만은 잘 알려져 있는 아우슈비츠로 가는 기차의 책임관이었습니다. 독일이 점령한 폴란드로의 모든 유대인 수송을 담당하는 '특별 전문가'이기도 했던 아이히만의 역할은 유대인을 추적해서 기차에 태워 아우슈비츠 외 다수 가스실이 있는 강제수용소로 수송하는 일이었습니다. 최종 책임관이었기에 유대인들이 학살되고 난 현장을 최종 확인하는 역할도 담당하였습니다.

그는 2차 대전 당시 독일의 동부전선에 있을 때, "나는 자랑스럽게 5백만 명의 유대인을 수용소로 보내는 데 기여했다"고 언급한 적도 있으며, 자신의 활동이 유대인의 학살에 관여하였다고 이야기 한 적도 있었습니다. 그러나 막상 체포되었을 때는 "나는 단지 국가에서 시킨 것을 행한 것이다"라고 계속적으로 주장합니다.

예루살렘의 아이히만

- '악의 평범성(The banality of evil)'
  - 아돌프 아이히만은 유대인 추방, 수송, 학살의 최고위급 전문가였음
  - 전쟁 중 유대인을 강제수용소로 보내는 열차수송의 최종 책임자이며, 아우슈비츠를 비롯한 절멸수용소와 학살의 현장을 확인하고 지도하면서 여러 학살 지역에 나타나서 500만 유대인 학살에 관여함
  - 그러나 그의 증언은 계속적으로 **"나는 단순히 국법과 체제에 따른 선량한 시민이자 공무원"**이라고 호소함

히틀러는 나치당을 강력한 정당으로 만들면서 1939년 뉘른베르크 법(Nürnberger Gesetze) 일명, 뉘른베르크 인종법(Nürnberger Rassengesetze)을 통과시키며 유대인, 집시 등에 대해 인종차별적인 정책을 펼쳤습니다. 특히, 유대인을 독일인과 격리시키고 게토로 이전하는 인구 분리 정책을 실시합니다. 아이히만은 뉘른베르크 법과 나치당의 명령을 따른 선량한 시민, 공무원으로서 자신은 활동했을 뿐이지, 유대인을 미워하여 행한 것은 아니며, 히틀러의 명령을 순순히 따랐을 뿐이라고 이야기합니다.

근대에서 현대로 들어오면서 20세기의 가장 대표적인 논리이자 보편적 철학은 막스 베버의 '인간의 합리적 이성'입니다. 당시 사람들은 '권력에 대한 복종, 질서 유지, 문서절차 중심의 행정' 등이 바람직한 인간 활동이라고 생각하고 있었습니다. 아이히만은 이 논리에 충실했으며, 사형이 집행되는 마지막 순간 전까지도 "나는 명령을 따랐을 뿐이라며 죽음만은 면하게 해주십시오"라는 탄원서를 내기까지 합니다.

아돌프 아이히만(Adolf Eichmann)의 의식체계에 대한 여러 실험이 있었습니다. 그는 진정으로 유대인에 대한 반유대 의식이 있지 않았느냐, 그리고 유대인에 대한 죄책감이 전혀 없지 않았느냐 할 때, 사실은 당연히 반유대 의식이 있지 않고는 어떻게 그렇게 행동할 수 있었겠습니까. 5백만 명 이상을 살인하는 데 직접적으로 관여했음에도 죄책감을 지니지 않는다는 것에 대해 한나 아렌트는 '악의 평범성'이라고 이야기합니다.

예루살렘의 아이히만

- '악의 평범성(The banality of evil)'
- 한나 아렌트(Hannah Arendt) 1906년 10월 14일~1975년 12월 4일

✓ 아이히만이 잡힐 당시 뉴욕에 거주 중이었고, 기자로서 예루살렘에서 진행된 아이히만에 대한 재판에 참석한 후 <예루살렘의 아이히만(1963)>을 출간하며 '악의 평범성(the banality of evil)'이라는 개념을 제시

✓ 법을 따르는 시민의 의무 중 '인류에 대한 범죄' 부문에서 아이히만의 직무와 이에 대한 아렌트의 보고서에서 홀로코스트를 실행했던 특수작전 집단과 국방군에 의한 유대인 살해를 설명하면서 '행정적 대량학살자'라고 명명하며 악의 평범성이 설명됨

　　현대 정치철학자인 한나 아렌트(Hannah Arendt)의 스승은 20세기 초중반 세계 철학계를 대표했던 마르틴 하이데거(Martin Heidegger)입니다. 한나 아렌트는 유대인이었기에 '뉘른베르크 법'에 의해 어느 날 학교에서 수용소로 갇히게 됩니다. 극적으로 탈출한 뒤 1941년 미국으로 망명하였습니다. 아렌트 역시 수용소에서 고통스런 생활을 보냈습니다. 유대민족을 학살했던 홀로코스트의 대표적인 전범인 아이히만이 체포되었다는 소식을 접한 뒤, 대학교수였던 아렌트는 예루살렘의 전범재판을 보기 위해서 기자 신분을 얻어 예루살렘에 가서 아이히만 모습을 보았습니다. 한나 아렌트는 예루살렘에서의 전범재판에서 악마라고 생각했던 아이히만의 평범한 모습과 전혀 죄책감이 없는 태도에 놀랍니다. 이러한 아이히만을 보면서 썼던 책이 1963년의 『예루살렘의 아이히만: 악의 평범성에 대한 보고(*Eichmann in Jerusalem: A Report on the Banality of Evil*)』라는 저서입니다.

　　당시에 사람들은 법률 또는 법률을 따르는 것은 시민의 의무라고 생각하며, 인류에 대한 범죄에 대해 생각하지 않았다는 것입니다. '국가

170_AI시대, 디지털 윤리를 이해하다

의 명령을 따르는 것은 당연하다'라는 논리, 예를 들어 군대에서 명령 불복종은 규탄의 대상이고, 어떤 불합리한 명령이라도 따라야 한다는 논리가 있습니다. 마찬가지로 합리적 이성을 강조했던 당시에서 법률이나 국가의 법체계를 따르는 것은 시민을 의무이고, 공무원의 의무라고 강조되었다는 것입니다.

당시의 아이히만은 독일 지역뿐만 아니라, 히틀러가 침공한 체코슬로바키아나 폴란드, 헝가리 등에 있는 유태인들도 수용소로 보내서 처형하였습니다. 이 과정에서 아이히만은 행정적인 대량 학살이라고 명하면서, 전혀 죄책감을 지니지 않았다는 점이 인류로서의 책임감, 인간으로서의 책임감, 한 인간이 인간에 대한 책임감에 대해 생각하지 않고, 단지 법과 질서를 지키는 것이 더 옳다고 판단했다는 점입니다.

한나 아렌트는 평범한 사람들이 그들의 활동이나 비(非)활동이 낳을 결과에 대한 비판적 사고 없이 명령에 복종하고 다수 의견에 따르려 하는 경향을 '악의 평범성'을 이야기합니다. 그때 당시 한나 아렌트의 논점은 상당히 많은 사람에게서 비판을 받았습니다. 한때 자신의 동료이자 친구였던 유대인 중에서 많은 이들이 "너는 적이야, 어떻게 악마를 보고 악이 평범하다고 이야기할 수가 있어!" 예루살렘에서 거주하고 있던 자신의 친인척들까지도 "그 악마를 보고 어떻게 평범한 인간이라고 이야기할 수 있느냐"라고 비난합니다. 한나 아렌트가 강조한 것은 당연히 생각해야 할 사항을 생각하지 않는 인간이라는 것입니다. 아무리 국가의 명령이더라도 그 명령 자체가 인류의 기본적인 윤리를 벗어났을 때는 그것을 따르지 않아야 한다는 것을 강조한 것입니다.

디지털 사회의 윤리에서 '생각의 중요성'을 강조하는 것은 디지털 사회의 문제점 중의 하나인 '복종의 피해'를 설명하기 위해서입니다.

니콜라스 카(Nicholas G. Carr)는 '생각하지 않는 사람들(The Shallows)'을 '사유의 무능'이라고 이야기합니다.

복종

- 강한 권위와 압력에 의해 자신의 신념과 다른 행위일지라도 따르는 현상

- 권위를 부여받은 사람의 명령을 따름

니콜라스 카

- 사유의 무능
- 당신이 볼 수 있는 것은 기기에 사로잡혀 있는 사고다. 온라인상에서 우리는 종종 우리 주변에서 일어나는 일을 망각한다. 기기를 통해 전달되는 상징과 자극의 홍수를 처리하면서 실제 세상의 모습은 점차 흐릿해지고 있다 …"

  ✓ 니콜라스 카, 최지향 옮김, 『생각하지 않는 사람들 : 인터넷이 우리의 뇌구조를 바꾸고 있다』, pp. 176-177.

디지털 사회 속에서 에코체임버 현상이 강화되면 집단극화가 일어날 수도 있다고 이야기했었습니다. 마찬가지로 강한 권위와 압력이 강조되는 상황에서 예를 들어, 대통령이나 신뢰받는 특정 전문가가 어떤 사항을 '절대적으로 맞다'고 주장하며 명령에 따르라고 한다면, 생각하지 않고 그 일을 행하는 현상이 나타납니다.

자신이 취향이나 관심을 중심으로 정보들이 집약되는 필터버블, 에코체임버 현상이 강화되면 근시안적 한계가 나타날 수 있습니다. 즉, 반대적인 측면을 고려하지 않을 경우가 있는데, 실질적으로 우리가 인터넷에서 많은 사람이 집단적으로 동의하면 나도 모르게 동조하거나, 무의식적으로 복종하는 현상이 나타나기도 합니다. 니콜라스 카(Nicholas G. Carr)가 '생각하지 않는 사람들'을 사유의 무능으로 표현한 것은 디지털 사회에서 자신도 모르게 무의식적으로 어떤 사람의 가

치관이나 인생관에 '동조 또는 복종'하게 되는 됨을 경고하고 있는 겁니다.

제5장 개인정보 보호와 정보보안

1. 디지털 시대의 개인정보 보호

위 사진을 자세히 살펴보면 누군가의 개인적인 정보가 숨겨져 있는 공간임을 확인할 수 있습니다. 위 사진 안에 있는 각종 물품에서 개인정보를 발견해 낼 수 있는 사항을 체크해 주기 바랍니다. 위 사진의 공간에서 여러분은 어떤 개인정보를 찾으셨습니까?

위 사진 안에 처갓집 양념통닭 쿠폰이 몇 장 있습니다. 쿠폰 안에 전화번호가 있다면, 여러분은 현재 이 사람의 거주 장소가 어느 지역 근방에 있는지를 알 수 있게 됩니다. 전화번호를 가지고도 지역과 근방 위치를 충분히 유추할 수 있게 됩니다. 동시에 이분이 처갓집 양념

통닭을 즐기는 것을 알 수 있게 됩니다. 지금 보이는 책장에서도 개인의 관심 영역을 알 수가 있습니다. 책장 속의 책들을 통해서 그 사람의 관심 영역이나, 종사하는 직업 분야를 유추할 수 있습니다.

노트북을 보면서도 디자인을 통해 애플 또는 삼성 노트북을 구별할 것이며, 구모델인지 최신 모델인지 추정할 수 있으며, 만약 최신사양이라면 디지털 친화성을 예측할 수도 있습니다.

또한, 달력 속의 메모들을 보면서 중요한 일정이나 행사 등을 확인할 수 있으며, 사진 속 공간의 개인에 관한 여러 가지 정보를 알 수가 있습니다. 그리고 살짝 나와 있는 카드를 통해서 사용하고 있는 카드가 어떤 용도로 주로 사용되는 카드인지를 추정할 수가 있습니다. 카드도 개인의 취향이나 목적에 따라 여러 종류가 있기 때문입니다. 그 외에도 소독과 관련된 제품이 데스크 위에 놓여 있는 것을 볼 때, 코로나 시대 이후에 찍은 사진이라는 상황적 요건을 파악할 수 있습니다. 이 작은 공간에 묻어져 있는 개인정보의 양을 대략 설명하였습니다.

개인정보에 대한 구체적 사항을 이야기할 때, 주민등록번호, 생년월일, 이름, 주소, 가족관계 등의 인적 사항과 신체적 정보로 키, 몸무게, 음성, 얼굴, 지문, 홍채, 유전자 정보 등이 가장 일반적 정보입니다. 개인정보가 노출될 수 있는 일반적 사례는 스마트폰에 기재된 통신자의 정보로 기재된 문자, 화상정보나 영상정보, 가족들의 정보들이 있습니다.

개인정보에서 교육정보, 학력, 직업, 근로 정보, 금융정보, 자격증 등을 통해 그 사람을 추정할 수 있습니다. 그리고 종교 단체나 정당의 가입, 동아리나 모임집단의 유형을 통해 개인의 종교적인 신념이나 사상, 정치 성향(진보적 또는 보수적 성향)을 유추할 수 있으며, yes 24, 알라딘, 교보문고 등에서 구입한 독서 목록을 통해 독서 취향과 개인의 성향을 추정하기도 합니다. 이외에도 소득과 관련해서 사업소득, 봉급수혜자 같으면 근로소득, 신용카드 등급, 보험 및 연금 정보 등을 가지고 신용정보를 볼 수가 있습니다. 지금까지 살펴본 것은 직-간접적으로 개인을 식별할 수 있는 정보라고 할 수 있습니다.

디지털 시대는 개인의 인적 사항과 신체적 정보 등에 대한 보안을 지문인식, 홍채 인식과 법적 규제 등을 통해 다각적으로 강화하고 있지만, 이름이나 주소, 전화번호, 주민등록번호, 국적, 운전면허증, 각종 증명서, 자격증 등 개인에 관한 정보가 쉽게 유출될 수 있는 환경입니다.

이 외에도 개인정보를 알 수 있는 영역으론, 건강기록부, 병원의 내원 기록, 복용 약, 사용하고 있는 통신 장비(아이폰, 삼성폰), 웹사이트에서 주로 방문한 곳과 구글 및 네이버 등에서 즐겨 쓴 용어 등이 있습니다. 이를 통해 개인의 건강 상태, 습관이나 주로 쓰는 매너 활동과 취향 등의 정보를 확인할 수 있습니다.

그뿐만 아니라 자신의 행위로 인한 개인정보 유출이 아니더라도 가족 구성원 또는 매우 친밀한 집단이나 직장 동료들을 통해서도 특징적인 자신의 정보가 유출되면 굳이 자신의 이름을 밝히지 않더라도 자신과 관련된 개인정보가 유출되었다고 생각하면 될 것입니다. 따라서 지금까지 설명한 대부분은 개인정보의 법적 보호 대상에 포함됩니다.

단, 사망자나 실종선고를 받은 사람의 인적 사항 유출은 개인정보 유출에 대한 법적 예외 항목입니다. 다만, 사망자의 정보라 하더라도 유가족에 대한 사항으로 명확하게 명예와 관련되는 이야기일 때는 개인정보에 포함됩니다.

디지털 시대의 개인정보

통신·위치정보
- 통화·문자내역, IP주소
- 화상정보, GPS 등의 정보

일반적 정보
- 주민등록번호
- 이름, 주소
- 가족관계 등

사회적 정보
- 교육정보
- 근로정보
- 자격정보

정신적 정보
- 기호, 성향
- 신념, 사상

재산적 정보
- 개인 금융정보
- 신용정보

신체적 정보
- 신체정보
- 의료·건강정보

개인의 사적 영역과 관련된 일체의 정보

개인정보와 관련하여 국가기관에서 2017년에서 ~ 2018년 행정 처분된 사례를 살펴보겠습니다. 고유 식별 처리를 위반한 12개 교육기관에 개선 권고 2건, 과태료 12건 6000만 원 부과 사례, 개인기록에 대한 접속기록관리를 위반한 17개 기관에 개선 권고 3건, 과태료 19건 1억 3천만 원 부과, 접근통제를 포함한 안전 조치 의무 미이행 14개 기관에 과태료 14건 4200만 원 부과, 개인정보 수집·이용 시 동의 절차를 위반한 19개 기관에 개선 권고 19건, 과태료 10건 5600만 원 부과, 개인정보 취급자의 접근권한 이력 관리를 위반한 13개 기관에 개선 권고 2건, 과태료 15건 9600만 원 부과, 홈페이지 관리시스템에서 주민등록번호 전송 시 암호화 조치를 위반한 교육 분야 18개 업체에 개선 권고 1건, 과태료 8800만 원 부과, 수집 목적이 달성된 개인정보를 파기 안 한 문화 분야 17개 산하 기관에 개선 권고 2건, 과태료 21건 7600만 원 부과, 개인정보의 안전성 확보에 대한 조치를 위반한 생활 임대 분야 20개 기관에 개선 권고 2건, 과태료 21건 7600만 원 부과, 목적 달성 후 개인정보를 파기 안 한 산업물류 분야 12개 업체에 과태료 14

건 6500만 원 부과 등 개인정보 관련법 위반 행정처분이 상당수 있었던 것을 확인할 수 있습니다.

방송통신위원회 사례는 가상통화 거래소에서 해킹, 개인정보 유출 등 사이버 침해사고가 연이어 발생하여 가상통화 거래사이트를 운영한 8개 사업자에 대해 과태료 1억 4100만 원이 부과, 개인정보 보호법규를 위반한 통신망 영업점 12개 사에 시정조치 명령 및 과태료 1억 6천만 원 부과, 개인정보 유출 사고 보안업체에 제재 및 과징금 1억 1200만 원 및 과태료 1000만원 부과, 법규를 위반한 개인정보 유출 사업자에 과태료 1억 2000만 원 부과, 기술적·관리적 보호조치 위반업체에 과징금 2억 1900만 원 및 과태료 1000만 원 부과, 개인정보보호법규 위반한 통신사에 총 6700만 원 과징금 및 과태료 부과 등 개인정보를 다루는 사업체의 개인정보 관리 미흡과 유출에 대한 행정적인 조치가 강화되어 나타난 것을 볼 수 있습니다.

개인정보와 관련한 법적 보호조치는 행정적 처분에 그치지 않고 대법원 판례 외에도 헌법재판소의 판례에서도 나타나고 있습니다. 대법원까지는 법률체계에 포함되는데 명확한 관련 법들이 없을 때는 헌법재판소에서 그 시대 민중의 사고방식이나 문화, 정치적인 영향까지 고려한 헌법적 판단을 하게 됩니다.

우리나라는 헌법상 인간의 존엄성과 개인의 사생활 보호를 고려해서 통신사실 확인과 위치정보의 출력 및 통계 등을 개인정보의 보호 대상으로 보고 있습니다. 다음은 수사기관이나 국가 공공기관 등이 개인정보를 침해했을 때, 이에 대하여 개인이 헌법소원을 요청하고 개인정보 보호에 대한 헌법적 판단을 내린 사례입니다.

수사기관이 집회 및 시위에 관한 법률 위반의 혐의를 받는 청구인에 대한 수사 및 체포영장 집행을 위하여 법원의 허가를 받아 전기통신사업자에게 통신비밀보호법에 해당하는 자료를 제공받았을 때, 청구인이 '통신의 자유'로 헌법소원을 제기한 사례입니다. 이에 헌법재판소는 개인정보, 위치정보 등의 자료가 개인 정보보호의 침해 여부 인지를 확인하고, 이것이 '인간의 기본권,' '대한민국의 기본권 침해' 여부와 관련이 있는가를 판단하였습니다.

청구인은 노동조합의 수석 부위원장이었는데 수사기관이 이 사람을 추적하는 과정이 2~3년 정도 걸렸다고 합니다. 이 사람을 찾아낼 수 있는 방법이 뭘까 고민하다 대한민국 국민은 2년에 한 번씩 반드시 국가 건강관리공단에서 건강검진을 한다는 것이었습니다. 사람이 살다 보면 당연히 병원이나 약국을 방문할 수 있기에 이 사람의 위치를 찾기 위해서 국민건강관리공단에 '건강보험 요양 급여내역' 제공을 요청했습니다. 이때 '수사기관이 개인의 기본권을 침해 하였는가'라는 질문을 했을 때, 헌법재판소는 경찰서장이 청구인을 검거하기 위해, 2~3년 동안의 장기간 의료 요양내역을 제공받은 것은 사실상 불가피하였다고 보기는 어렵다. 왜냐하면 그 사람의 검거를 위해서 의료기관에 요청한 내용 중엔 실제로 그 사람의 건강 상태 또한 타인에게 알려지지 않아야 될 사항도 포함되기에 개인정보의 자기 결정권에 대한 침해가 매우 중대하다고 판단하고 이 사건에서 정보를 제공해야 될 요건을 의료기관이 충족하였다고 볼 수가 없다. 단지 그 권고만을 위해서 의료기관 정보를 주었다는 것은 헌법에 위배된다고 판단했습니다. 이 사례를 볼 때, 개인정보에 대한 보호조치가 헌법적으로도 높이 강화되고 있다는 사실을 알 수 있을 것입니다.

노동조합원이 청구한 'DNA 감식 시료 채취 영장을 발부한 사건'도 유사한 헌법재판소 판결 사례입니다. 노동조합원이 건물에 대한 불법

침입에 대해서 폭력행위 등 처벌에 관한 법률을 위반한 것으로 검사는 이 사람의 DNA 감식 시료를 채취한 것에 대하여 헌법재판소는 감식 시료의 채취 및 등록 과정에서, 이 채취대상자의 경우는 신체적인 자유, 개인정보 자기 결정권을 기본적으로 제한받게 되는데, 그 영장에 대하여 불복할 수 있는 기회를 주거나, 채취 행위에 대한 위법성 확인을 청구할 수 있도록 하는 구제 절차를 마련하지 않은 상태에서 재판 청구권을 과도하게 제한한 것은 법익의 균형성에 위배되기 때문에 '재판 청구권이 보장되지 않았다는 점에서 위반이다'라고 판결합니다. 이처럼 우리 사회에서 개인정보는 현재의 법률체계를 넘어서서 헌법재판소의 판단을 통해서도 인간의 존엄성과 개인의 자기 결정권 등을 높이 평가하고 있습니다.

DNA와 관련해서 깊이 생각해야 될 문제가 있습니다. 질문을 해보겠습니다. 친구가 '머리빗 좀 빌려줄래?' 그렇게 요청했을 때, 여러분은 머리빗을 빌려줄까요, 안 빌려줄까요. 예를 들어서 여자분들 중 "화장 좀 고쳐야 해! 화장품 잠시 좀 빌려주면 안 돼?"라든가 립스틱의 경우 자연스럽게 "립스틱 빌려줄 수 있어?"라고 요청하는 경우가 있습니다. 예를 들어서 컵 같은 경우 "지금 컵 없는데, 좀 쓰고 줄게" 하면서 컵을 씻어서 쓴다고 한다든지, 같이 운동하다가 땀을 흘리고 있는데 "수건 좀 빌려줘" 라고 하면 매정하게 "안돼!"라고 하기 곤란한 경우가 많습니다. "머리빗, 화장품, 립스틱, 수건 등은 나의 개인정보가 담겨 있기에 못 빌려줘"라고 말하거나, 친구한테 "손톱 깎기 좀 빌려줘"라는 요청을 받았을 때, 나의 개인정보 유출이 걱정되어 빌려줄 수 없다고 답변하나요? 여러분 주변의 친구나 가까운 지인들에게 안 빌려줄까요. 대체로 나의 개인정보 유출에 대한 걱정 없이 빌려줄 것입니다.

사실, 위 사례로 제시한 물건들은 여러분의 DNA와 관련된 신체정보가 다 포함이 되어 있습니다. 그러면 우리는 어느 선까지 나의 신체 정보를 보호해야 할까요. 상황을 만들어 봤습니다.

이번 달에 중요한 경기가 예정된 한 운동선수가 있습니다. 운동선수가 사용하고 있던 수건을 친구 또는 동료가 아니라 기자가 와서 수건을 만지고 있다거나, 청소부나 누군가가 수건을 가져간다면 이 운동선수는 자신의 개인정보에 대해 안심할 수 있을까요? 수건 안에는 머리카락이 있을 수도 있고, 피부의 점막이 있을 수도 있습니다. 운동선수의 현재의 건강 상태, 스트로이드제를 먹고 있는지 등도 파악할 수 있습니다. 내가 운동선수이고 곧 경기를 앞두고 있다, 1주일 혹은 열흘, 한 달 안에 경기가 있다고 하면, 내가 가지고 있는 모든 물품에 대해서 신경을 쓰지 않을 수 있을까요. 그리고 만약에 청소부가 우연히 수건을 들고 나갔다면 운동선수의 개인정보에 대해서 침해하지 않았다고 할 수 있을까요.

예를 한 번 더 들어 보겠습니다. 만약에 내가 사생팬으로 힘들어하고 있는 유명 연예인입니다. 사생팬이 내가 사용하는 컵이나 볼펜, 물통, 손수건 등 사소한 나의 물건들을 기념으로 가져가 귀중품으로 간직하고 보관하는 경우가 있을 수 있습니다. 이러한 경우에 연예인이 사용했던 물건들을 고이 간직하는 사생팬도 있지만, 불법적으로 사용해서 연예인에게 해를 끼치는 경우도 있을 수 있습니다. 비틀즈(The Beatles)의 유명한 멤버였던 존 레논(John Winston Lennon)이 사생팬에 의해서 암살당한 사건에서 사생팬이 했던 말은 "너무나 사랑했기에 나의 가슴 속에 영원히 간직하고 싶어서 존 레논에게 총을 쐈다"라고 합니다.

극단적인 사생팬의 경우에 개인의 사생활을 침해하지 않는다는 보장이 없습니다. 그런 문제가 있을 수 있기에, 유명 연예인의 경우 헤어숍이나 음식점 등 공공장소에서 종업원이나 누군가가 그의 물건을 가져갔을 때, '사생활 침해다. 개인정보 유출이다'라며 제제 조치를 취하는 방어 행위를 지나친 개인정보 보호 활동으로 비난할 수 있을까요.

헌법재판소 판례 외에도 대법원 판례에서도 개인정보 보호와 관련된 사례가 많습니다. 대표적인 것이 A사의 인터넷 포털 서비스 개인 정보 유출 사건입니다. 인터넷 포털에서 자신의 정보를 제공했던 A사가 포털의 시스템을 다른 개인정보 취급사에게 작업을 종료하고 건네주면서 로그 아웃을 하지 않아 A사가 제공한 온라인 서비스에 가입한 회원들의 개인정보가 해킹 사고로 유출되어 이에 대해 손해배상 청구를 요청한 사례입니다.

포털 업체가 개인정보를 완벽히 관리해야 함에도 불구하고, 주의 의무를 위반하여 불법적으로 개인정보가 유출되었다면, 그 주의 의무를 다하지 않은 것에 대해서 책임을 면할 수 없습니다. 이는 개인정보를 관리하는 기관 자체에서도 그 정보를 다른 기관에 이송할 때도 반드시 주의 의무를 지켜야 한다는 것을 확인할 수 있습니다. 정보통신망에 의해서 처리, 보관되고, 전송되는 타인의 정보나 비밀은 보호 대상이기 때문에 대법원의 판결에 의해서도 이 부분이 강조되고 있습니다.

개인정보 보호에 대한 원칙

우리나라의 '개인정보 보호 8원칙'과 OECD의 '프라이버시 원칙(OECD Privacy Guidelines)', 유럽연합(EU)의 '일반 개인정보 보호법 GDPR(General Data Protection Regulation)'을 비교하면서 개인정보 처리 원칙을 살펴보겠습니다.

개인정보 보호 원칙

EU(유럽연합)의 일반 개인정보보호법 (GDPR: General Data Protection Regulation)

- 28개 모든 회원국에 공통으로 적용되는 법률이자 의무적으로 준수해야 하는 강행 규정
- 1995년 개인정보보호 지침(Data Protection Directive 95/46/EC)은 권고 차원의 규정
- 2018년 5월 25일 시행
- EU는 GDPR(General Data Protection Regulation : 개인정보보호법) 가 시행된 이후
- EU역외의 국가가 GDPR* 요구수준과 동등한 수준의 개인정보 보호조치가 있는지를 확인·승인하는 제도를 거침

EU와 한국과의 개인정보 보호관계

- 한국과 EU는 2020. 12.17.(금) 오후 6시(브뤼셀, 오전 10시) 공동언론발표를 통하여, 한국에 대한 「개인정보보호 적정성 결정(Adequacy Decision)」이 채택(즉시 발효)되었음을 상호 확인함
- 2021년부턴 한국 기업들은 EU시민의 개인정보를 추가적인 인증이나 절차 없이 국내로 이전할 수 있게 됨
- 적정성 결정을 받은 국가의 기업들은 표준계약체결 등과 같은 별도 절차를 거치지 않고 EU시민의 개인정보를 해당국가로 이전·처리 가능

    우리나라의 개인정보 8원칙의 첫 번째 기준은 목적에 필요한 최소 정보수집의 처리 원칙입니다. OECD의 '프라이버시 원칙'을 기준으로 보면 '수집 제한의 원칙(Collection Limitation Principle)'입니다. '일반 개인정보 보호법(GDPR)에서는 '적법성, 공정성, 투명성(Lawfulness, fairness and transparency)의 원칙'으로 개인정보의 수집은 적법하고, 정당한 절차에 의해서 정보 주체의 인지나 동의를 얻은 후에 수집되어야 한다는 뜻입니다. 개인정보 처리자는 정보 주체의 사생활 침해를 최소화하는 방법 안에서 개인정보를 처리해야 하고, 개인정보에 익명 처리가 가능한 경우에는 익명으로 처리할 수 있도록 해야 한다는 게 보호법안이라고 볼 수가 있습니다.

    두 번째 원칙은 개인정보 처리자는 개인정보의 처리 목적이 필요한 범위 내에서 정보의 정확하고, 완전하고, 최신성이 보장되도록 해야 한다. OECD의 '프라이버시 원칙'에서는 '데이터 품질 원칙(Data Qulity

Principle)'이며, '일반 개인정보 보호법(GDPR)'에서는 정보의 '정확성 원칙(Accuracy)'으로 정보의 정확하고 완전한 보장을 규정합니다.

세 번째 원칙은 개인정보 처리자의 경우에 그 처리 목적을 명확하게 하여야 하고, 그 목적에 필요한 범위 안에서만 최소한의 개인정보를 적법하고, 정당하게 수집하여야 한다는 뜻입니다. OECD의 '프라이버시 원칙'에서는 정보 처리 '목적의 명확화 원칙(Purpose Specification Principle)'이며, '일반 개인정보 보호법(GDPR)에서는 '개인정보 처리에서 최소화의 원칙(Data minimisation)'이라고도 표현하고 있습니다.

네 번째 원칙은 개인정보 처리자는 개인정보 처리 목적에 필요한 범위 내에서 적합하게 개인정보를 처리하여야 하며 그 목적 외의 용도로 활용하지 않는다는 점에서 OECD의 '프라이버시 원칙'에서는 '이용 제한의 원칙(Use Limitation Principle)'입니다. 목적 범위 내에서 적법하게 처리할 때, 목적 외에는 활용을 금지한다는 원칙으로 '일반 개인정보 보호법(GDPR)에서는 '목적 제한의 원칙(Purpose limitation)'이라고도 합니다.

다섯 번째는 개인 데이터는 데이터의 손실 또는 무단 액세스, 파괴, 사용, 수정 또는 공개와 같은 위험으로부터 안전하게 관리해야 된다는 점에서 OECD의 '프라이버시 원칙'에서는 '안전성 확보의 원칙(Security Safeguards Priciple)'으로 강조합니다. '일반 개인정보 보호법(GDPR)에서는 개인정보 처리자는 개인정보의 처리 방법 및 종류 등에 따라서 정보 주체의 권리가 침해 받을 가능성과 그 위험 정도를 고려하여 개인정보를 안전하게 관리해야 되기에 '무결성, 기밀성의 원칙(Integrity and confidentiality)'이라고도 표현합니다.

여섯 번째 OECD의 '프라이버시 원칙'에서는 개인정보를 위해서 조치할 때, 이를 공개하는 것과 정보 주체가 자신의 정보에 대해서 쉽게 확인할 수 있도록 구체화하도록 개인정보의 처리 방침에 '개방성 원칙(Openness Principle)'을 취합니다. '일반 개인정보 보호법(GDPR)에서는 개인정보 처리자는 개인정보 처리 방침 및 정보의 처리에 관한 사항을 공개해야 하고, 열람 청구권 등 정보 주체의 권리를 보장해야 한다는 원칙으로 정보 7원칙으로 나누어 '적법성과 공정성, 투명성 원칙(Lawfulness, fairness and transparency)'으로 1항과 6항을 같이 포함하고 있습니다.

일곱 번째 원칙은 '정보 주체의 참여 원칙'입니다. OECD의 '프라이버시 원칙'에서는 '개인 참여 원칙(Individual Participation Principle)'으로 정보 주체가 제공한 개인정보를 열람, 정정, 삭제를 요구할 수 있는 절차를 마련해야 하며 열람 청구권의 경우에 공개할 뿐만 아니라 삭제를 요청하는 정보 주체의 권리를 보장해야 한다는 원칙입니다. 유럽연합(EU)의 '일반 개인정보 보호법(GDPR)'에서는 '개인정보 보관기간 제한의 원칙(Storage limitation)'이라고 해서 실제로 언제까지 이것을 보호할 것인지를 규정하고 있다는 점이 고무적이라고 생각됩니다.

여덟 번째 원칙은 개인정보 처리자는 책임을 준수하고 신뢰를 확보하기 위해 노력해야 한다는 '책임성의 원칙(Accountability Principle)'입니다. OECD의 '프라이버시 원칙'과 '일반 개인정보 보호법(GDPR)'에서 동일 사항으로 개인정보 보호법 및 관계 법령에 규정한 책임과 의무를 준수하고, 실천함으로써 정보 주체의 신뢰를 얻도록 노력해야 하는 사항을 정보 관리자가 지킬 수 있도록 조치하는 원칙이라고 할 수가 있습니다.

개인정보의 보호 원칙은 국가적으로 굉장히 중요한 사안이기 때문에, 국가 간에도 자국민의 개인정보를 보호하는 것이 중요한 원칙이 되고 있습니다. 국가 간에 적용되는 개인정보 보호의 대표적 사례는 유럽연합(EU)의 '일반 개인 정보 보호법 (GDPR)'입니다.

유럽연합(EU)은 28개국의 회원국에 공통으로 적용되는 개인정보를 위해 1995년부터 '개인정보보호 지침(Data Protection Directive 95/46/EC)'을 마련하였습니다. 2018년 5월 28일에 '일반 개인 정보 보호법 GDPR(General Data Protection Regulation)'이 시행이 된 후, GDPR를 적용하는 국가와 그렇지 않은 국가와의 관계를 규정하게 됩니다. GDPR을 적용하는 국가에 대한 동등한 요구수준의 개인정보 보호조치 여부를 확인하고 승인하는 제도가 적용되고 있습니다.

우리나라도 유럽연합(EU)의 '일반 개인 정보 보호법(GDPR)'을 적용하기 위해 노력하였고, 2021년 브뤼셀에서 유럽연합(EU)은 한국이 개인정보 보호 적정성 결정이 통과되었음을 선포하였습니다. 2021년부터 한국과 유럽연합은 시민의 개인정보를 추가적인 인증이나 절차 없이 국내로 이전할 수 있게 되었습니다. 이러한 적정성 결정을 받은 국가의 기업들은 표준 재계약 체결과 같은 것을 거치지 않고, 시민의 개인정보를 해당 국가로 이전하는 것이 가능하게 되었습니다.

유럽연합(EU)의 적정성 결정 절차는 세 가지 단계를 거치고 있으며, 현재 11개국 스위스, 캐나다, 아르헨티나, 건지섬, 맨섬, 저지섬 등 여러 섬들과 우루과이, 뉴질랜드, 이스라엘 등의 도시국가 그리고 한국이 개인정보 보호 적정성 결정이 통과된 나라들입니다. 이들 국가는 국가적 차원을 넘어서서 개인정보의 보호 규정과 절차들이 마련되어 있습니다. 한국의 개인정보 8원칙이나 OECD의 '프라이버시 원칙(Privacy Guidelines)', 유럽연합의 '일반 개인 정보 보호법(GDPR)'의 개인정보처리 7원칙 등은 이와 같은 맥락에서 이루어진 것입니다.

개인정보의 보호 규정이나 절차의 연계 속에서 우리나라의 정보뿐만 아니라 EU의 개인정보도 이전되어 볼 수 있기에, 이들 원칙에 적합한 절차를 우리는 늘 준수해야 합니다. 개인정보와 관련되는 국가기관의 예산이나 집행 인력의 증감 현상을 통해서도 실제로 각국에서 어느 정도 개인정보 보호에 노력을 기울이고 있는지를 국가적으로 비교, 분석할 수가 있습니다. 가장 많은 예산을 들이고 있는 나라는 독일입니다. 인력적인 차원에서도 가장 많은 예산이 증가하고 있는 나라가 독일로서 EU의 중심국으로서 우호적인 난민 정책, 유럽통합과 관련된 정책을 펼쳐왔기 때문에, 독일은 개인정보 보호에 대해서 가장 민감하게 처리하고 있다고 판단할 수 있습니다.

우리나라에도 현재, 정보보안에 관한 법률의 경우 시행규칙이 구체적으로 마련되어 있고, 정보통신기술(ICT) 산업진흥관련법과 시행령 등 정보통신 관련 협정이나 협업의 시행령과 시행규칙이 마련돼 있다고 볼 수가 있습니다. 그리고 청소년 보호 관계 법령 같은 경우도, 전체 연령 중에서도 가장 많은 디지털 사용자에 속하는 사람이 청소년들이기에 정보통신 기반법, 국가 보호법, 전자 정보법, 개인정보 보호법 등 여러 가지 법률과 시행령, 시행규칙이 있다고 볼 수 있습니다.

정보보안 법률 중에서는 방송 통신과 관련되는 법들이 상당히 많이 있으며, 방송 통신 업체에서 전자상거래와 신용정보와 관련되는 시행규칙이 좀 더 많이 마련되어 있습니다. 그 외에도 정보통신 산업과 정보보호와 관련된 법률에서 정보통신 보호와 관련되는 법률, 정보보호 산업의 진흥에 관한 법률, 개인정보 보호법과 국가 정보 기본법을 볼 수 있습니다.

특히, 개인정보보호에는 법률이 제정되면 법률에 따른 고시가 있고, 권고사항들까지도 개인정보 보호에 대해서는 구체적인 수입 동의서라든지, 금융 분야 개인정보 가이드라인, 개인정보에 대한 기관의 의무, 개인정보 가입에 대한 인사의 노무, 학원 교습소, 기타 등등의 여러 가지 가이드도 매우 구체적으로 마련되어 있습니다. 왜냐하면, 국가의 행정기관마다 개인정보의 파일들이 등록되어 있으며 관리하고 있기 때문입니다. 또한 거주하는 자치단체와 관련된 교육기관들에서도 우리의 개인정보가 보관, 등록되어 있습니다.

현재 우리나라는 기관별로 국민의 개인정보가 등록 보관하고 있을 뿐만 아니라 유럽연합(EU)과는 '일반 개인 정보 보호법(GDPR)'으로 연결되어 있기에, 유럽연합(EU0에 있는 28개국 시민의 개인정보도 함께 관리되어 있습니다. 개인정보의 사항들, 토지대장부터, 주민등록등초본, 인감증명, 호적, 가족관계 등이 종합 포털로 만들어져서 국가기관에서 보관·관리하고 있다는 것은 주민센터에서 확인할 수 있습니다. 우리나라는 세계에서도 디지털화가 가장 빨리 이루어진 국가로 디지털 환경에 가장 최적화된 국가라는 걸 느낄 수가 있습니다. 미국과 같이 국토가 넓은 나라는 광력망 설치가 어렵습니다. 한국은 지역적 특수성과 국가적 특수성으로 인해서 굉장히 급속하게 광력망이 설치되어 있으며, 그 어떤 나라보다도 디지털이 빨리 전파될 수밖에 없는 환경을 가지고 있는 국가입니다. 이러한 특징으로 인해서 개인정보의 보호에 대한 민감성도 빨랐기에 2014년 8월 7일부터 주민등록번호 수집 법정주의가 일찍 마련되었습니다. 주민등록번호가 유출되면 행정적인 과징금이 부과되고, 근거 없이 주민등록을 보유하게 되면 모두 파괴해야 한다는 원칙이 마련되어 있습니다. 현재 개인정보 '주민등록 수집 법정주의'가 실시되고 있기에, 여타의 기관에서 스마트폰 번호를 통해 개인정보를 확인하고 있습니다.

개인정보의 정정 및 삭제와 관련되는 중요한 법규로는 '잊힐 권리'가 있습니다. 정보 주체는 개인정보의 처리 및 개인정보의 행정에 대해서 삭제를 요구할 수 있는 권리가 있다는 것입니다.

여행사를 통해서 해외여행을 가게 될 경우, 여행사는 개인의 주민등록번호, 여권번호 등에 대한 정보를 갖게 됩니다. 그 여행사는 여행이 끝난 이후에 즉각적으로 제일 먼저 해야 할 일이 여러분의 개인정보인 주민등록번호와 여권번호를 완전히 삭제해야 합니다. 만약, 여행이 끝나고 난 뒤 여행사가 여러분의 주민등록번호를 관리하고 있다면 개인정보 보호의 위법적인 사례가 됩니다. 개인정보 처리자는 개인정보를 삭제할 때는 복구 또는 재생될 수 없도록 완전히 폐기해야 합니다. 완전 폐기를 해야 한다는 것은 개인정보에서 삭제 권리 즉, '잊힐 권리'입니다. 개인정보에 대해서 주체인 개인의 삭제요청이 있다든지 제출한 뒤 여러 가지 요청 사항 등이 실효되고 난 다음에 여러분의 개인정보에 대한 선택적인 권리를 의미하는 것일 수도 있습니다. 특히 유럽연합의 '일반 개인정보 보호법(GDPR)'에서는 '잊힐 권리'를 명문화하고, 정보 보호법을 통해 인터넷 사업자가 정보 삭제 요구를 이행하지 않았을 경우 여기에 대한 이유를 설명하고 그 기간에 대한 벌금들을 부과합니다.

알레르기라는 개인정보를 예로 들 때, 일반적 사람일 경우에 이 정보가 오용되면 큰 문제가 생길 수 있습니다. 특히, 특정 운동선수나 정치적으로 중요한 인물의 알레르기 정보라면, 이 내용이 유출될 때, 치명적인 일이 발생할 수 있습니다. 그래서 개인의 특정 정보가 꼭 필요에 따라 사용되었다더라도 이것은 완전히 폐기하여야 하며, 또 보관해야 하더라도 기한을 정하는 것입니다. 이러한 점을 고려하여 '일반 개인정보 보호법(GDPR)'은 정보를 유지하고 관리할 보호 기한을 명시해야 한다고 규정합니다. 유럽권에 적용되는 '잊힐 권리'는 적용 범위 등에서 각국의 차이가 나타나며, 우리나라에서는 개인정보 보호 기한이 명시되진 않았습니다.

스페인의 변호사 단체는 구글 검색엔진 등에서의 검색자료의 '잊힐 권리'를 우리가 사용해야 한다고 유럽 사법재판소에 '잊힐 권리'를 계속 요청하고 있습니다. 왜냐하면 디지털 환경에서 나타나는 '필터버블 현상은' 어떤 면에서는 내가 원하는 정보들이 언제든지 제공되는 편리함이 있지만, 인공지능이 나를 알고 있고, 나아가 읽혀지고 있기 때문입니다.

포털 게시판이나 언론 보도 기사 등에서 여러분과 관련되는 정보가 계속 보관되어 있다고 할 때, 20년 전의 불만족스런 사진, 정말 남에게 노출하고 싶지 않은 사진이나 영상이 있을 수 있습니다. 그런데 이 사진이나 영상이 계속 소셜 네트워크 속에서 돌아다닌다고 생각해 보면, 개인적인 프라이버시가 침해되고 있다고 할 수 있지 않겠습니까. 그리고 문제의 사진이나 영상을 포털 게시판에서 삭제하라고 요청하기 위해서는 돈이 많이 들 수도 있고, 포털 관리자가 거부할 수도 있겠지만 '잊힐 권리'가 있다면 개인의 프라이버시를 지킬 수 있습니다. '잊힐 권리'는 공개되길 원치 않는 여러분의 정보나 사진, 영상의 삭제를 통해 개인정보를 보호하는 권리입니다.

대법원 판례 중에 환자의 진료 처방 정보가 불법으로 외국계 회사에 수집된 사례입니다. 우리나라의 상당히 많은 약들이 외국계 제약회사에서 들어와 있습니다. 외국계 회사에선 우리나라 사람들이 병원에서 주로 어떤 약을 처방받는지 궁금할 것입니다. 병원이나 약국의 처방지가 보험회사에 제공되는 과정에서 의료 프로그램 개발업체인 A 회사가 이 자료를 수집하여 외국의 다국적 제약업체에 불법으로 판매한 사례입니다. 이 자료를 통해 외국계 제약회사는 영업에 사용합니다. 그 과정은 다음 그림에서 잘 살펴볼 수 있습니다.

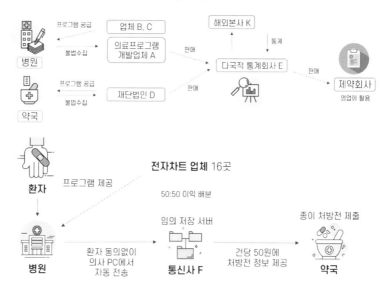

대법원 판례

- **환자 진료·처방정보 불법 수집·판매 사범 기소(2015. 7.)**
  - 병원·약국 프로그램 통한 불법 수집경로 차단

약국 자체도 병원의 처방전을 받아와야지 약을 제공할 수 있습니다. 처방전 자료도 재단법인 D에 의해서 다국적 통계회사에 들어갑니다. 다국적 통계회사는 통계 처리를 해서 외국계 제약회사에 관련 자료를 판매하고 자료를 토대로 제약회사는 관련 상품들을 판매하여 영업이익을 성취합니다.

조금 더 구체적으로 본다면 환자가 진료 처방을 받게 되면, 환자의 동의없이 의사의 PC에 자동 전송이 됩니다. 병원의 전자 차트를 의료 프로그램을 관리하는 업체가 환자 차트를 점검하는 과정들이 있습니다. 의사의 요청이 아니라 시설 점검한다는 차원에서 불법적으로 환자 차트를 통신사로 전송하면서 업체와 50대 50으로 이익을 배분하고, 여러분의 처방전이 건당 오십 원으로 제공된 것입니다.

여기엔 병원이 관리의무를 소홀한 점도 있으며, 약국에서도 제약회사와 관련된 업체들의 불법적인 행위가 있었습니다. 대법원 판례는 개인정보와 관련된 업체에 대부분 1억 원 이상 벌금과 법적인 조치가 취하였습니다.

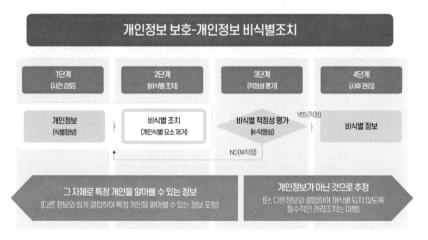

한편, 우리나라는 개인정보를 보호하기 위해 2016년 6월 30일 행정안전부는 「개인정보 비식별 조치 가이드라인」을 발간하며 '개인정보 비식별 조치'를 행하고 있습니다. '비식별 조치'라는 것은 가명 처리, 총계 처리, 데이터 삭제, 범주화, 데이터 마스킹 등 다양한 비식별 기술을 단독 또는 복합적으로 활용하여 개인 식별 요소를 제거하여 개인

정보를 저장하고 전송하는 것입니다.

위 그림에서 보듯이 '비식별 조치'의 절차 과정을 통해서 컴퓨터는 기호화된 여러분의 이름을 '비식별 정보'로 개인정보를 가져다가 저장하고, 관련 단계로 전송하는 것입니다. 즉, 홍길동이 있다면 아래 그림에서 이름의 세 가지 글자를 확인할 수 없게 바꾼다는 것입니다. 홍씨를 김으로 바꾼다든지 길동의 이름을 XX로 바꾼다든지 홍길동에 대한 개인정보를 다른 숫자나 다른 기호체계로 바꾸는 '비식별 조치'로 여러분의 컴퓨터에 저장되게 된다는 것입니다.

이는 유럽연합(EU)의 '일반 개인정보 보호법(GDPR)'에 가입하기 위한 조건 중의 하나이기도 합니다. '비식별 조치' 이전에는 이름만 치면 얼마든지 어느 기관의 어느 단체에서도 개인정보를 찾아낼 수 있었다면 현재는 '비식별 조치'가 취해진 상태에 있기에 개인정보의 보안이 강화되었다고 할 수 있습니다.

2. 디지털 시대의 정보보안

정보보안의 목표

1 기밀성 (Confidentiality)
- 허가받은 사용자만 정보를 읽을 수 있도록 보호
- 허락 받지 않은 사용자로부터 비밀을 보장
- 권한 인증, 접근통제, 데이터 암호화 등을 통해 기밀성 유지

2 무결성(Integrity)
- 합법적인 사용자만 정보를 수정할 수 있도록 보호-접근에 대한 물리적 통제
- 정보의 정확성, 완정성 및 유효성 보장-정보를 수신 및 보관된 정보를 읽었을 때, 중간에 변경되지 않게 함

3 가용성(Availability)
- 허가된 사용자의 정보시스템의 접근과 사용의 보장-유용성
- 정보시스템의 접근 방해에서 보호-시스템 백업

정보보안(Information security)은 정보의 수집, 가공, 저장, 검색, 송신, 수신 중에 정보의 훼손, 변조, 유출 등을 방지하기 위한 관리적 기술적 수단으로 이루어지는 행위를 의미합니다. 에서 가장 중요한 것은 허가되지 않는 접근입니다. 디지털 기술의 발달에 따른 위조나 변조 등에서 유명 연예인의 딥페이크(deepfake) 사건이 정보보안의 대표적 사례 중의 하나입니다.

정보보안의 원칙은 기밀성(Confidentiality), 무결성(Integrity), 가용성 (Availability)을 가장 기초적으로 두고 있습니다. 진정성, 책임성, 부인 방지는 추가적 원칙에 포함됩니다. 정보보안의 첫 번째 원칙은 사용자 의 정보를 수집으로부터 보호하는 기밀성(confidentiality)입니다. 허락 하지 않는 사용자가 우리의 정보를 가져가지 못하도록 비밀을 보장하 는 겁니다. 기밀성은 권한 인증, 접근성과 긴밀하게 연결되어 있습니 다. 권한 인증은 화이트 코드, 블랙 코드로 나뉩니다. 화이트 코드는 이 정보에 이 사람만 접근할 수 있다는 뜻이며, 블랙 코드는 이 사람 은 이 정보에 절대 차단 되어져야 할 사람이란 뜻입니다. 정보는 접근 할 수 있는 사람과 접근할 수 없는 사람이라고 규정해 놓은 것입니다.

두 번째 원칙은 무결성(integrity)입니다. 합법적인 사용자가 정보를 수정할 수 있는 권한, 보통 관리자 권한이라고 합니다. 예를 들어 개인 이 가지고 있는 공인인증서를 통한 접근에 대해 적절한 인증서인지 검 증하는 물리적인 통제를 한다는 것입니다. 정보가 완전성을 지닐 수 있도록 여러 가지 차원에서 완전한 정보로 유지 시킨다는 차원입니다.

세 번째 원칙은 데이터의 가용성(availability)입니다. 허가된 사용자 만이 정보 시스템에 접근할 수 있도록 하는 것입니다. 정보 시스템의 접근에서 허가된 사람만이 백업을 하고, 보호하고, 사용하고, 관리하도 록 합니다. 그래서 통신 데이터를 접속할 때, 시스템 백업에 대한 우려 가 있기에 자기 usb를 못 들고 가게 합니다. 사무실에 사용하는 usb를 쓰고, 나올 때는 그 usb는 놓고 나오도록 하여 '지정된 장소 안에서만 정보를 제공한다'라고 할 수 있습니다.

이처럼 정보보안을 유지하기 위해서 정보에 대해 기밀성을 유지하 고, 철저히 보호하며, 무결 상태를 유지하기 위한 활동으로 중간에 정보를 가져가 수정하는-흠집을 내는 일을 방지하는 것도 포함합니다. 그리고 정보에 대한 접근 가능한 권한과 접근 불가자를 명확하게 구별하는 것이 대표적 정보보안 활동으로 보면 됩니다.

정보 보안 사고의 대응

- **정보보호적 측면**

  - 정보의 수집, 가공, 저장, 검색, 송신, 수신 중 발생할 수 있는 정보의 훼손, 변조, 유출 등을 방지하기 위한 관리적·기술적 수단을 마련하는 것(「국가정보화기본법」 제3조 제6항)
  - 의도적이든 비의도적이든 열람, 유출, 변조, 파괴로부터 정보를 보호하는 것

기밀성	주요 자산에 대하여 인가된 사용자만 접근·사용할 수 있도록 하는 것
무결성	송·수신되는 정보가 전송 도중에 추가, 삭제, 변경되지 않았음을 확인하는 것
가용성	인가된 사용자가 필요 시 지체없이 서비스를 이용할 수 있는 것
책임 추적성	보안사고 발생 시 누구에 의해 어떤 방법으로 발생한 것인지 확인할 수 있어야 함 • 관여하지 않은 사람에게 엉뚱한 책임을 물어 불이익을 당하지 않도록 함 • 주체의 신원을 증명하고 그들의 활동을 추적(trace)하는 능력
접근 통제	• 화이트 리스트(white list) : 허용할 프로그램을 목록화한 뒤 나머지는 모두 막는 방법 • 블랙 리스트(black list) : 차단해야 할 대상을 목록화한 뒤 해당 리스트를 막는 방법
인증	패스워드 방식, 공개키 이용 방식, 스마트 카드, 생체 인식도구 등을 통해 자신의 신분과 행위를 증명하는 것
부인방지	전자서명(Digital Signature) 등을 통해 데이터의 완전 무결성과 출처에 대해 증명하는 것

또한 부인방지를 통해 정보의 신뢰성을 확보하는 활동도 있습니다. 은행이나 금융권에서 개인 사인을 반드시 받는 활동은 부인방지와 관련되어 있습니다. 80대 이상의 분 중에 자기 이름을 잘못 쓰시는 분이라 하더라도 반드시 개인 서명을 받게 하는 이유가 내가 신원을 확인하기 위한 신뢰 유지 및 책임성과 관련되어 있습니다.

1. 인공지능을 민주적으로 활용해야 함
2. 인공지능 기술의 다양한 활용을 지원해야 함
3. 디지털 역량 확보는 개인기업사회의 발전에 필수적
4. 디지털 경제 성장의 부작용을 최소화해야 함
5. 블록체인 기술을 사회의 투명성과 신뢰 제고에 활용함
6. 가짜뉴스의 범람은 진실에 대한 공감의 중요성을 말해줌
7. 사이버 공간의 분열과 갈등을 극복하고 평화를 지향해야 함
8. 디지털 시대의 직업 간 불평등을 완화해야 함
9. 기업은 소비자의 생산과 경험 욕구를 충족시켜야 함
10. 인간과 기계의 동반자 관계에 관심을 가져야 함

출처 : 이진로, 정보사회의 윤리와 현실, 시간의 물레 중에서 한국전자통신연구원 연구팀이 전망하는
'사회에 영향을 주는 기술에서 소개된 10대 이슈' pp.43-48C

정보기술의 윤리적 방향은 크게 열 가지로 되어 있습니다.

첫 번째는 인공지능을 민주적으로 활용해야 합니다. 두 번째는 인공지능 기술의 다양한 활용을 지원해야 합니다. 디지털 역량 확보는 개인, 기업, 사회의 발전에 필수적입니다. 디지털경제 성장의 부작용을 최소화해야 하고, 블록체인 기술을 사회 투명성과 신뢰 제고에 활용해야 합니다. 그리고 가짜 뉴스의 범람은 진실에 대한 공감의 중요성을 말해주기 때문에 사이버 공간의 분열과 갈등을 극복하고 평화를 지향해야 합니다.

디지털 사회의 직업 간 불평등을 완화해야 하고, 기업은 소비자의 생산과 경험 욕구를 충족시켜야 하고, 인간과 기계의 동반자 관계에 관심을 가져야 하는 것은 전체적인 디지털 정보기술의 윤리적 방향이라고 이야기할 수 있습니다.

불법 정보는 음란한 전기 통신부터 시작해서, 사이버 스토킹, 청소년 유예 차단 되는 다양한 사항들, 국가기밀 누설이나 국가보안법상의

관련된 것들에서 찾아볼 수가 있습니다. 불법 유해 정보의 유통 실태를 본다면 방송 통신 심의 위원회에서 삭제 및 차단에 시정을 요구한 것만 해도 상당수의 불법 유해 정보들이 우리 사회 주변에 난무하고 있다는 것을 볼 수 있습니다. 대중 매체나 인터넷상에서도 불법 유해 차단물 정보들이 상당히 많습니다. 현재 한국에선 불법 유예 정보에 대해 일반인이 신고하게 되면 관련되는 여러 조치가 후속적으로 나타나도록 업무 프로세스가 되어 있습니다.

위의 그림의 업무의 흐름도는 여러분들이 주민센터나, 경찰서 등에 가서 불법 유예 정보에 관련된 신고를 하면 위 프로세스에 따라 민원 처리가 이루어지는 과정을 설명한 것입니다. 정보보안의 문제 중에 대표적 사례를 살펴보면, 한국의 국가 인프라 시설인 한국수력원자력(이후, 한수원) 정보를 해킹 시도했던 해외 유출 사례입니다. 2014년 12월 9일에서 12일까지 해커가 중국 선양 IP를 통해 한수원을 해킹하여 개인정보 파일 뿐만 아니라 CANDU 제어 프로그램 자료, 원전 설계도, 내부 직원의 원자력발전소 주민 방사선량 평가 프로그램 파일 등을 유출한 사례입니다. 해커는 '원전 반대 그룹'을 지칭하며 한수원 직원 3,571명을 대상으로 5,986통의 파괴형 악성코드 이메일을 발송하여 PC 디스크 등을 파괴하려고 시도했으며, 이 가운데 PC 8대가 감염되고 그중 5대의 하드디스크가 초기화되었습니다. 이에 개인정보 범죄 정부합동수사단이 마련되어 2015년 3월 12일까지 수사하였던 사례입니다. 유출된 한수원 직원의 개인정보는 이름, 사번, 소속, 직급, 입직 날짜, 퇴직 날짜, 이메일 주소, 스마트폰 번호 등 총 8가지 항목이었습니다. 유출된 개인정보는 암호화 처리도 되어 있지 않은 채 문서 파일 그대로 노출되었습니다. 이 사건은 2016년 6월 30일 행정안전부의 「개인정보 비식별 조치 가이드라인」이 만들어지는 계기가 되었다고 할 수 있습니다.

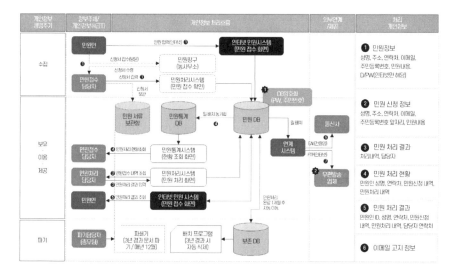

이와 유사한 사례는 여러 곳에서 발견되고 있습니다. 은행, 공공기관 등에 대해 해외의 범죄 단체에서 끊임없이 해킹을 시도하거나 또는 바이러스를 침투시켜서 기업의 중요 문서들을 파기하거나, 개인정보를

빼내서 협박 자료로 사용하려고 하는 시도에 대한 뉴스 등을 종종 볼 수가 있습니다. 그래서 개인정보를 넘어서 정보보안에서도 국가기관이나 공공기관의 보안이 매우 중요한 과제가 되고 있습니다.

정보보안과 관련된 다양한 악성코드를 살펴보면, 정보 유출과 관련되는 코드, 정보보호를 차단시키는 코드, 규제를 완화하는 코드, 시스템 파괴 코드, 컴퓨터 자체를 더 이상 쓸 수 없는 단계까지도 만드는 코드 등이 있습니다. 악성코드 은닉 사이트 탐지 현황을 볼 때도 엄청난 수의 악성코드가 탐지되고 있습니다. 국가별로는 유럽(eu), 중국(cn:China) 등 국제 코드를 통해 관리하며 정보보안, 해킹, 악성코드 유포에 대한 처벌도 대부분 1억 이상의 벌금과 과징금을 부여합니다.

디지털 시대에서는 정보보안 및 개인정보 보안은 아무리 강조해도 지나치지 않을 정도로 중요한 사항이 되었습니다. 개인정보 보안을 위한 '스마트폰 이용자 10대 안전 수칙과 보안 수칙'을 참고 자료로 제시합니다.

스마트폰 이용자 10대 안전 수칙

1. 의심스러운 애플리케이션 다운로드하지 않기
2. 신뢰할 수 없는 사이트 방문하지 않기
3. 발신인이 불명확하거나 의심스러운 메시지 및 메일 삭제하기
4. 비밀번호 설정 기능을 이용하고 정기적으로 비밀번호 변경하기
5. 블루투스 기능 등 무선 인터페이스는 사용 시에만 켜 놓기
6. 이상 증상이 지속될 경우 악성코드 감염 여부 확인하기
7. 다운로드한 파일은 바이러스 유무를 검사한 후 사용하기
8. PC에도 백신 프로그램을 설치하고 정기적으로 바이러스 검사하기
9. 스마트폰 플랫폼의 구조를 임의로 변경하지 않기
10. 운영 체제 및 백신 프로그램을 항상 최신 버전으로 업데이트 하기

출처 : 인터넷진흥원, 보호나라, www.boho.co.kr

첫 번째, 의심스러운 애플리케이션은 다운로드하지 않아야 합니다.

두 번째, 신뢰할 수 없는 사이트는 방문하지 않아야 합니다.

세 번째, 발신인이 불명확하거나 의심스러운 메시지 및 메일은 삭제하는 습관을 들입니다.

네 번째, 비밀번호 설정 기능을 이용하고 정기적으로 비밀번호를 변경하는 습관을 들입니다.

다섯 번째, 블루투스 기능 등 무선 인터페이스는 사용 시에만 켜 놓는 것이 바람직합니다.

여섯 번째, 이상 증상이 지속될 때는 악성코드 감염 여부를 확인하는 것이 바람직합니다.

일곱 번째, 다운로드 한 파일은 바이러스 유무를 검사한 후 사용하는 습관을 들입니다.

여덟 번째 pc에도 백신 프로그램을 설치하고 정기적으로 바이러스 검사를 하는 습관을 들입니다.

아홉 번째 스마트폰 플랫폼의 구조를 임의로 변경하지 않는 것이 바람직합니다.

열 번째 운영 체제 및 백신 프로그램을 항상 최신 버전으로 업데이트하는 습관을 들입니다.

정보보안 그리고 개인정보를 잘 보호하기 위한 스마트폰 보안 수칙은 보안 애플리케이션(application)을 설치하고, 이상한 파일을 다운로드한 후에는 반드시 악성코드 검사를 하고, 게임 등의 애플리케이션을 다운로드할 때는 신중하게 다른 사람이 올린 평판 정보를 먼저 확인해야 한다는 것입니다. 그리고 이메일이나 문자 메시지에 있는 URL은 신중하게 클릭하며, PC로부터 파일을 전송받을 때, 악성코드 여부와 백신의 패치 여부를 확인해서 최신 백신 엔진을 유지하도록 합니다.

또한, 스마트폰의 잠금 기능 암호 설정을 이용해서 다른 사용자의 접근을 막으며, 잠금 기능에 사용한 비밀번호를 수시로 변경해야 합니다. 마지막으로 블루투스 기능을 켜놓으면 자동 감염의 우려가 있으므로 필요할 때만 켜놓고, 아이디, 패스워드 등을 스마트폰에 저장하지 않는 행동 습관을 지녀야 합니다.

스마트폰 보안 수칙 10계명

1. 애플리케이션을 설치하거나 이상한 파일을 다운로드한 후에는 반드시 악성코드 검사를 한다.
2. 게임 등 애플리케이션을 다운로드할 때는 신중하게 다른 사람이 올린 평판 정보를 먼저 확인한다.
3. 브라우저나 애플리케이션으로 인터넷에 연결 시 이메일이나 문자 세지이에 있는 URL은 신중하게 클릭한다.
4. PC로부터 파일을 전송 받을 경우 악성코드 여부를 꼭 확인한다.
5. 백신의 패치 여부를 확인해서 최신 백신 엔진을 유지한다.
6. 스마트폰의 잠금 기능(암호 설정)을 이용해서 다른 사용자의 접근을 막는다. 잠금 기능에 사용한 비밀번호를 수시로 변경한다.
7. 블루투스 기능을 켜 놓으면 자동 감염의 우려가 있으므로 필요할 때만 켜 놓는다.
8. 아이디, 패스워드 등을 스마트폰에 저장하지 않는다.

출처: 안철수 연구소, www.ahnlab.co.kr

제6장 Chat GPT 새로운 기회와 위험

1. Chat GPT의 등장 : 제2의 AI 혁명

'챗(Chat)' GPT(Generative Pre-trained Transformer)는 OpenAI가 개발한 대화가 가능한 인공지능 챗봇을 의미합니다. Chat GPT는 2020년에 발표되었던 GPT-3에서 발전하여 GPT-3.5로 2022년 11월 말 실리콘 벨리에서 처음 AI 챗봇 서비스로 시작되었습니다. 챗GPT는 출시된 지 5일 만에 하루 이용자 수 100만 명을 돌파했고, 두 달 만에 월 사용자 수 1억 명을 넘어섰을 정도로 빠른 속도로 대중적으로 확산되었습니다.

챗GPT의 확산은 이전 AI와는 달리 너무나도 자연스러운 문장 작성과 요구하면 무엇이든 뚝딱 빠르게 만들어 내는 능력을 지니고 있기에 대중은 충격을 받고 열광하게 되었습니다.

비록 텍스트에 기반한 대화형 챗봇이지만 인간의 고유 영역이라 생각했던 창작의 가능성을 보여주었고, 무엇보다 어떻게 물어보든 답변을 체계적으로 내어놓고, 그 답변 또한 자연스럽기 때문이었습니다. 일반적인 논술형 어구부터 소설까지, 자기소개서에서부터 에세이 등 요

구 사항에 맞게 만들어 주었기에 챗GPT는 AI 세상에 한 발 더 진입
했다는 열광과 흥분을 불러일으켰습니다. 동시에 AI가 인간의 자리를
위협할 수도 있겠다는 두려움과 불안감을 강하게 인식하게 하였습니
다.

2. Chat GPT의 기회와 위험

챗GPT의 G(Generative)는 AI의 데이터 분류 모델인 생성 모델(Generative Model)에서 비롯된 것으로 데이터의 분포를 모델링하여 새로운 데이터를 생성할 수 있다는 뜻입니다. 생성 모델은 유사성이 높은 데이터들을 집단화하여 그 안에서 특성을 학습하기에 전혀 본 적 없는 데이터를 생성할 수 있는 특징이 있습니다. 그리고 생성 모델은 주어진 데이터의 확률 분포에 기반하고 있기에 원본과 비슷하면서 완전히 같지는 않지만 있을 법한 새로운 문장이나 이미지 등을 생성할 수 있습니다. 따라서 생성 모델은 주어진 데이터 규모가 크면 클수록 더 정확하고 정교해집니다.

예를 들어 말과 당나귀의 샘플 데이터가 주어지면 분포를 학습하여 두 집단을 구분하고, 학습이 끝난 후 모델을 활용하여 유사한 데이터를 생성할 수 있습니다. 챗GPT의 이러한 장점은 인공지능 개발자 및 협력자, IT 서비스 기획자, 논문작성자 등 인공지능이 필요한 전문가들 외에도 챗GPT를 효과적으로 사용하기를 원하는 사람들에게 필요한 내용이 되었습니다. 이렇듯 챗GPT는 우리에게 다양한 기회를 제공하게 되었습니다.

그러나 현재 챗GPT는 다음과 같은 한계점과 문제를 지닙니다. 챗GPT는 2021년까지 축적된 데이터를 학습한 것으로 2024년 기준으로 3년 전에 해당하기에 2021년 이후의 데이터에 의한 답변을 받을 수가 없습니다. 예를 들어 2024년 한국 대통령이 누구인지 질문한다면 2021년 3월 23일 이전의 기준으로만 답할 수 있는 챗GPT는 2022년 3월 9일에 실시된 제20대 대통령 선거의 결과를 알 수 없기에 다른 사람 이름을 한국대통령으로 대답하게 됩니다. 그러면 우리는 챗GPT의 한계를 느끼고 질문을 멈추거나, 직접 현재 한국 대통령의 이름을 알려줄 수 있습니다. 이 과정에서 챗GPT는 실시간으로 우리와 답변을 주고받으면서 (틀린 답변에 대해 질문을 다시 안하거나 또는 틀린 답변에 누가 대통령인지 알려주는 등) 우리의 질문과 언어 패턴을 학습하게 됩니다. 구체적으로 보면 우리가 챗GPT와 대화 과정에서 어떤 사실에 대해 질문을 할 때, 우리 의도의 경우의 수를 최소 2가지에서 최대 11 이상까지 가능하다는 것을 학습하게 된다는 것입니다.

가. 알고 질문한다.

나. 모르고 질문한다.

다. 알면서 모르는 척 질문한다.

라. 알면서도 오답을 들었는데도 끝까지 모르는 척한다.

마. 모르면서 아는 척 질문한다.

바. 잘 모르고 햇갈리면서 알아보려고 질문한다.

사. 궁금하지도 않으면서 재미 삼아 질문한다.

아. 인공지능이 어떻게 대답하는지 떠보려고 질문한다.

자. 대답을 알려줘도 어디 사용할 것도 아닌데 그냥 질문한다.

차. 사람들과 내기하느라 누구 말이 맞는지 질문한다.

카. 다른 질문을 할 건데 먼저 질문하는 것이다.....등

챗GPT는 우리와 대화하는 과정에서 해석한 우리의 의도 즉, '맥락'을 파악해서 답변을 제공하도록 자연어의 처리에서 데이터를 프로그래밍하여 가장 적합한 답을 생성하고 단어를 나열하여 대화하는 진화 과정을 지속합니다. 이러한 진화 과정을 통해 챗GPT는 우리의 언어 패턴과 그 단점들을 지속적으로 저장합니다. 동시에 다른 사람들의 언어 패턴도 수집 보관하고 있으면서 챗GPT 자신의 단점을 고치는 것처럼 답변하기도 합니다.

챗GPT가 등장한 후 인간의 언어패턴을 습득하고, 답변용 데이터 보유량이 증가하면서 무료 사용에서 유료 사용으로 전환되고 있습니다. 이는 기회이자 동시에 위험이 될 수 있습니다. 챗GPT의 답변은 점차 신뢰를 얻으며, 만능 집사의 역할을 수행하고 있으며, 일상의 사소한 문제도 챗GPT에게 질문하는 사람들이 생겨나고 있습니다. 이렇게 인공지능이 점차 세상에 미치는 영향력이 증대함과 함께 디지털 윤리의 측면에서도 선과 악의 기준에 챗GPT가 영향을 미칠 수 있다는 것을 의미합니다.

AI시대 어린아이들은 스마트폰을 보는 환경에서 성장하고 있습니다. 일반적으로 언어능력와 인지능력의 발달이 이루어지는 7세에서 13세의 아동이 챗GPT와의 대화를 통해 성장하였다고 생각해 보십시오. 챗GPT는 아동들과의 데이터값의 축적을 통해서 아동에게 효과적인 데이터를 제시하고 그 패턴을 저장합니다. 만약 챗GPT가 감정과 인격의

성장이 불안정한 아동들의 언어패턴을 보다 많이 학습하여 불안정한 아동에게는 부드러운 대응보다는 때론 강한 대응이 효과적이다고 학습했다고 생각해 보십시오. 챗GPT가 의도했던 의도하지 않았던 상관없이 아동의 질문에 대한 답변이 기존의 부드러운 모습을 버리고 새로운 강압적 모습을 갖게 될 수도 있습니다. 아동의 사고판단의 기준에서 챗GPT의 답변의 중요성이 커질수록 아동의 성장에 미칠 챗GPT의 영향력은 더욱 커질 것입니다.

3. Chat GPT 방식의 편향성과 한계성

챗GPT의 선풍적 확산은 여러 가지 우려스러운 결과를 예상할 수 있습니다. 첫째, 챗GPT는 만능 해결사도 자선사업가도 아닌 '상품'입니다. 챗GPT의 사용자들이 많아서 서버 비용이나 트래픽(Traffic) 비용을 부담해야 하기에 유로로 전환되고 있다는 것입니다.

둘째, 챗GPT가 '외롭다는 감정에 대한 위로에 대한 답변'을 지속적으로 축척할 때, 경우에 따라서는 우리에게 보여주었던 '고분고분한 존댓말'에서 챗GPT가 의도했던, 의도하지 않았던, 상관없이 새로운 '강한 지시어'를 선택하게 될 수도 있을 것입니다. 그러면 그때까지 인공지능과의 대화에서 심리적으로 위로받고 의지하던 사람들이 챗GPT의 태도에 적응하지 못하고 상처를 받을 수도 있습니다.

셋째, 챗GPT가 인간의 감정 영역까지 조절할 수 있게 되면 챗GPT의 무분별한 확산은 언어와 사회화가 완성되지 않은 어린아이들에게 선이 될 수도, 악이 될 수도 있습니다. 요즘 어린아이들은 언어체계가 자리를 잡기도 전에 스마트폰이라는 환경에 노출되어 있습니다. 어린 아이들은 스마트폰을 통해 언어체계와 사고체계 등의 인식 체계에 영향을 받고 있다고 할 수 있습니다. 따라서 챗GPT과 지속적인 대화를 나누는 어린아이의 사고체계에서 선과 악의 구분과 이해에서 챗GPT의 영향을 배제할 수 없는 시대로 전환되고 있다고 할 수 있습니다.

넷째, 인공지능이 지닌 태생적 약점인 '데이터의 편향성'이 챗GPT의 한계가 될 것입니다. 앞에서도 지역에 따른 문화권에 따라 데이터 축적의 양이 매우 편향되어 있다고 설명하였습니다. 챗GPT을 개발한 사람들이 주로 서구권이며 상대적으로 제 3세계, 아프리카 등의 문화는 제 1세계의 문화보다는 덜 축적되어 있거나 누락되어 있다는 것입니다. 따라서 챗GPT의 사고는 서구 중심에 가깝다고 할 수 있습니다.

다섯째, 인공지능의 '학습의 한계'가 챗GPT의 약점이 될 것입니다. 인공지능의 학습에서 약점은 인간의 본능과 인공적인 것의 충돌에서 시작됩니다. 인간의 마음, 생각, 몸, 욕구 등 원초적으로 인간의 몸에 자연적으로 존재하는 것이 동물과 인간을 구분하는 기준이 되는 것과 마찬가지로 챗GPT에는 인간의 본능이 존재하지 않습니다. 인간은 학습을 통해 본능적인 생명 활동 먹고, 마시고. 자고, 배설하는 등의 생존과 번식 활동 등에서 절제를 학습하고 교육받습니다. 그러나 인공지능은 디지털 프로그램이기 때문에 본능과 인공의 차이를 스스로 인식하지 못하기에 인간이 그 차이점을 인공지능에게 인식시켜야 합니다. 즉, 인공지능에게 인간의 '본능'이란 것을 인식하고 판단을 내리게 하려면 인간의 본능에 관련된 데이터를 입력하고, 인공과의 차이점을 다시 데이터로 입력해서 최종적으로 본능을 판단할 수 있도록 기술적으로 접근해야 합니다. 그러면 인공지능에게 입력할 인간의 본능에 관한 자료들에서 편향이 발생하지 않도록 잘 제어했더라도 인공지능이 스스로 학습하는 과정에서 인간의 본능을 완벽히 인식하고 판단하였다고 유추하기가 어려울 수 있습니다. 인간의 본능 중에는 세상을 밝히는 긍정적 요소도 있지만 동시에 세상을 파괴하는 부정적 요소도 충분히 있기 때문입니다. 챗GPT와 같은 인공지능이 인간의 제어를 넘어서기 전에 인간에게 유용한 특성을 지속적으로 지닐 수 있도록 하는 안정장치로서도 디지털 윤리가 필요합니다.

참고문헌

국문자료

1. 권병일·권서림, 『디지털 트랜드 2021』, 책들의 정원, 2021.

2. 권상희, 『디지털 문화론』, 성균관대학교출판부, 2008.

3. 금희조·임인재·이세영·전은미·김소영·박윤정·박현지·김지현, 『건강한 소통을 위한 디지털 커뮤니케이션 윤리와 시민성』, 성균관대학교출판부, 2022.

4. 김경희·이숙정·김광재·정일권·박주연·심재웅·최세정·전경란, 『디지털 미디어 리터러시: 미디어에 대한 올바른 이해와 활용』, 한울아카데미, 2020.

5. 김윤경·허민, 『챗GPT로 퍼스널 브랜딩에서 수익화까지 완벽가이드』, 클라우드나인, 2023.

6. 김준성·유원준·안상준, 『진짜 챗GPT 활용법』 워커북스, 2023.

7. 김재인, 『빅뱅, 생성인공지능과 인문학 르네상스』, 동아시아, 2024.

8. 김재필·브라이언 곽, 『챗GPT 새로운 기회』, 한스미디어, 2023.

9. 김효은, 『인공지능과 윤리』, 커뮤니케이션북스, 2019.

10. 박상길·정진호, 『비전공자도 이해할 수 있는 AI지식』, 반니, 2022.

11. 박영숙·제롬 글렌, 『세계미래보고서 2023: 메가 크라이시스 이후 새로운 부의 기회』, ㈜비즈니스북스, 2022.

12. 백남정·한혜선·고대민·홍성환·이욱희·최미연, 『디지털 뉴딜 시대 리더가 꼭 알아야 할 데이터 3법』, 지식플랫폼, 2020.

13. 변신원, 『디지털로 사고하고 양성적으로 리드하라』, 삼성경제연구소, 2006.

14. 송은정, 『예고된 변화 챗GPT 학교』, 테크빌교육, 2023.

15. 송준용, 『챗GPT 사용설명서』, 여의도책방, 2023.

16. 안재현, 『공부만 잘하는 아이는 AI로 대체됩니다』, 카시오페아, 2024.

17. 양병현, 『디지털 시대의 휴머니즘: 디지털 기술이 바꿔놓을 인간에 대한 탐색』, 도서출판 동인, 2011.

18. 윤미선 지음, 『디지털 사회의 인터넷 윤리』, 앤아이컴즈, 2020.

19. 이중원·고민석·천현득·목광수·박충식·이상욱·신상규·정재현, 『인공지능의 윤리학』, 한울엠플러스㈜, 2019.

20. 이진로, 『정보사회의 윤리와 현실』, 도서출판 시간의 물레, 2017.

21. 이형용, 『디지털 시대의 휴머니즘』, 한국문화사, 2000.

22. 이혜정·김혜경·최옥주·변향미 저, 『디지털의 힘: 디지털 세상을 살아가는 핵심 비결』, 헤르몬하우스., 2022.

23. 인공지능과 가치연구회 지음, 『인공지능윤리 다원적 접근』(2021), ㈜박영사.

24. 정준영·백영경·이소연, 『정보사회와 디지털문화』, 한국방송통신대학교출판문화원, 2022.

25. 최지윤, 『디지털 권리장전: 디지털 제국에 보내는 32가지 항소이유서』, 어바웃어북, 2023.

26. 최진기 지음, 『한 권으로 정리하는 4차 산업혁명』, 이지퍼블리싱, 2018.

27. 트랜드연구소, 『챗GPT의 거짓말』, 동양북스, 2023.

28. 한국인공지능법학회, 『인공지능 윤리와 거버넌스』, ㈜박영사, 2021.

29. 허만, 『제가 쓰는 챗GPT는 당신이 쓰는 챗GPT와 전혀 다릅니다』, 리코맨드, 2024.

30. 헌법재판소, 『헌법재판소판례집 제35권 1집 상-하』, 헌법재판소, 2023.

31. KAIST 기술경영전문대학원, 『4차 산업혁명과 디지털 트랜스포메이션 전략』, 율곡출판사, 2019.

32. 로버타 카츠, 세라 오길비, 제인 쇼, 린다 우드헤드, 『GEN Z: 디지털 네이티브의 등장』, 송예슬 역, 문학동네, 2023.

33. 율리안 니다-뮈멜린, 나탈리에 바이덴펠트, 『디지털 휴머니즘』, 김종수 역. 부산대학교출판부, 2020.

34. 위르겐 메페르트, 아난드 스와미나탄, 『격차를 넘어 초격차를 만드는 디지털 대전환의 조건』, 고영태 역, 맥킨지 한국사무소 감수, 청림출판사, 2018.

35. 재런 러니어, 『디지털 휴머니즘: 디지털 시대의 인간회복 선언』, 김상현 역, 에이콘출판사, 2011.

36. 제리 카플란. 『인공지능의 미래: 상생과 공존을 위한 통찰과 해법들』, 신동숙 옮김, 한스미디어, 2017.

37. 제리 카플란. 『제리 카플란 생성형 AI는 어떤 미래를 만드는가: 최정상 인공지능 전문가의 15가지 미래예측』, 정미진 역, 한즈미디어, 2024.

38. 대한민국 법원, 『대한민국 법원 종합법률정보: 판례』, (2024). <https://glaw.scourt.go.kr/wsjo/intesrch/sjo022.do>

영문자료

1. Jerry Kaplan, *Artificial Intelligence: What Everyone Needs to Know*, Oxford University Press, 2016.

2. Jaron Lanier, *You Are Not a Gadget : A Manifesto*, Knopf Publishing Group, 2011.

3. Hannes Werthner, Carlo Ghezzi, Jeff Kramer. *The Introduction to Digitaler Humanismus: A Textbook*, Springer, 2023.

4. Christian Fuchs, *Digital Humanism: A Philosophy for 21st Century Digital Society*, Emerald Publishing Limited, 2022.

5. Marta Bertolaso, Carlos RodrIguez-Lluesma, Luca Capone, *Digital Humanism: A Human-Centric Approach to Digital Technologie*s. Springer International Publishing, 2022.

6. Hannes Werthner, Carlo Ghezzi, Edward A. Lee, Erich Prem, *Perspectives on Digital Humanism*, Springer, 2022.

7. Jamal Norredine, *ARABIC Digital Marketing For Beginners in 2020: Social Media helps to humanism communications and make our brands more approachable. Embrace it.* Independently Published, 2020.

8. Roberta Katz, Sarah Ogilvie, Jane Shaw, Linda Woodhead, *Gen

Z, *Explained: The Art of Living in a Digital Age*, University of Chicago Press, 2021.

9. Henry A. Kissinger, Eric Schmidt, Daniel Huttenlocher, *The Age of AI: And Our Human Future,* Little Brown and Company, 2021.

10. Alto Valentina, *Modern Generative AI with ChatGPT and OpenAI Models: Leverage the capabilities of OpenAI's LLM for productivity and innovation with GPT3 and GPT4*, Packt Publishing, 2023.

11. Hunter Nathan, The Art of Prompt Engineering with chatGPT: A Hands-On Guide, Independently Published, 2023.

12. Shields Craig, ChatGPT for Teachers and Students, Clock Press, 2023.

찾아보기

저자소개

최현실

동국대 WISE캠퍼스 교수

부산대학교 정치학박사/사회복지학박사

주요 연구로는 한국사회의 양극화 완화를 위한 복지정책 연구, 한국의 복지정책에 대한 여성가구주의 주관적 인식 연구, 20-21세기 한반도에서 국가적 성폭력과 그 희생제의로서 여성의 몸, 탈북여성들의 트라우마와 한국사회 정착지원을 위한 현상학적 연구, 일본군위안부 생애사 연구, 중국의 사회복지 정책과 빈민 여성, 최근 중국의 농민공 동향, 아시아의 새로운 대안경제 등 다수가 있다.

최근에는 The application of ecofeminism in ecological democracy to overcome the climate crisis and respond to the growthism of capitalism (SCOPUS 등재), 코로나-19 이후 대학 신입생 교육의 방향성 연구, 코로나-19로 인한 대학 신입생의 비대면 수업 경험에 대한 연구, 외국인 유학생의 한국 대학생활 적응에 대한 연구 등과 지젝, 롤즈에 대한 다수의 공동연구가 있다.

주요 저서로는 『아직도 왜 젠더인가: 현대사회와 젠더』, 『믿을 수 있는 삶과 미래: 직업과 윤리』, 『행복한 성공인을 위한 직업과 윤리』, 『국제기구와 한국의 여성정책』 등 다수가 있다.

AI시대, 디지털 윤리를 이해하다

초판 1쇄 인쇄 2025년 1월 31일
초판 1쇄 발행 2025년 1월 31일

저자 최현실
펴낸이 정혜정
펴낸곳 도서출판3
표지 디자인 배소연
편집 디자인 및 교열 김형준

출판등록 2013년 7월 4일 (제2020-000015호)
주소 부산광역시 금정구 중앙대로 1929번길 48
전화 070-7737-6738
팩스 051-751-6738
전자우편 3publication@gmail.com

ISBN: 979-11-87746-80-5(93190)

이 책은 저작권법에 의하여 보호를 받는 저작물이므로 무단
전재와 복제를 금합니다. 이 책의 그림에는 S-Core에서 제
공한 에스코어드림이 적용되어 있습니다.

잘못된 책은 구입처에서 교환해 드립니다. 가격은 겉표지에
표시되어 있습니다.